JN042002

改訂版

テスト前に まとめるノート 中2英語

English

Gakken

この本を使うみなさんへ

　勉強以外にも，部活や習い事で忙しい毎日を過ごす中学生のみなさんを，少しでもサポートできたらと考え，この「テスト前にまとめるノート」は構成されています。

　この本の目的は，大きく2つあります。
　1つ目は，みなさんが効率よくテスト勉強ができるようにサポートし，テストの点数をアップさせることです。

　そのために，まずは定期テストに出やすい要点を書き込んだり，教科書に出てきた単語や英文をまとめたりして，中2英語の重要点を定着させていきます。また，テスト対策用の問題を解くことで，得意なところ・苦手なところの確認ができます。ポイントとなる英文の図解や，豊富なイラストも活用してください。

　2つ目は，毎日の授業やテスト前など，日常的にノートを書くことが多いみなさんに，「ノートをわかりやすくまとめられる力」を身につけてもらうことです。

　ノートをまとめる時，次のような悩みを持ったことはありませんか？
　　☑　ノートを書くのが苦手だ
　　☑　自分のノートはなんとなくごちゃごちゃして見える
　　☑　テスト前にまとめノートを作るが，時間がかかって大変
　　☑　最初は気合を入れて書き始めるが，途中で力つきる

　この本は，中2英語の内容を，みなさんにおすすめしたい「きれいでわかりやすいノート」にまとめたものです。この本を自分で作るまとめノートの代わりにしたり，自分のノートをとる時にいかせるポイントをマネしたりしてみてください。

　今，勉強を頑張ることは，現在の成績や進学はもちろん，高校生や大学生，大人になってからの自分を，きっと助けてくれます。みなさんの未来の可能性が広がっていくことを願っています。

学研プラス

もくじ

☆この本の使い方 ……………………… 6
☆ノート作りのコツ ………………………… 8
☆中1英語の復習問題 …………………… 10

第1章 過去進行形の文

1 過去進行形の文と否定文 ……………… 14
2 過去進行形の疑問文 ………………… 16

第2章 未来の文

3 be going to ～の文と否定文 ………… 18
4 be going to ～の疑問文など ………… 20
5 will の文 ………………………………… 22

◎ 確認テスト① ……………………… 24

第3章 助動詞

6 have to ～の文 ………………………… 26
7 have to ～の否定文と疑問文 ………… 28
8 must の文 ……………………………… 30
9 「～してもいいですか」（許可）など … 32
10 「～してくださいますか」（依頼）など … 34
11 「～しましょうか」（申し出）など …… 36

第4章 いろいろな文

12 「AにBを見せる」などの文 ………… 38
13 「AをBと呼ぶ」などの文 …………… 40
14 There is[are] ～.の文 ……………… 42

◎ 確認テスト② ……………………… 44

第5章 〈to＋動詞の原形〉, 動名詞

15 「～するために」〈to＋動詞の原形〉① … 46
16 「～すること」〈to＋動詞の原形〉② …… 48
17 「～するための」〈to＋動詞の原形〉③ … 50
18 「～することは…です」など
   〈to＋動詞の原形〉④ ………………… 52
19 動名詞 …………………………………… 54

第 6 章
接続詞

20 that の文 ……………………… 56
21 when の文 ……………………… 58
22 if, because の文 ……………… 60

◎ 確認テスト③ ……………… 62

第 7 章
比較の文
(ひかく)

23 比較級（より〜）・
   最上級（いちばん〜）の文 ① ……… 64
24 比較級（より〜）・
   最上級（いちばん〜）の文 ② ……… 66
25 比較級・最上級の疑問文 ……………… 68
26 like 〜 better / like 〜 the best /
   as 〜 as …の文 …………………… 70

第 8 章
受け身の文

27 「〜される」の文 ………………… 72
28 「〜されません」「〜されますか」などの文 … 74

◎ 確認テスト④ ……………… 76

第 9 章
現在完了形の文
(かんりょうけい)

29 「ずっと〜している」（継続）………… 78
30 「〜したことがある」（経験）………… 80
31 「〜したところだ」（完了）………… 82

◎ 確認テスト⑤ ……………… 84

☆会話表現
   提案，依頼など …………………… 86

この本の使い方

この本の, 具体的な活用方法を紹介します。

単語Check!

教科書に出てきた単語とその意味をまとめられるスペース。授業中に出てきた単語などを整理してもOKです。

マイ単語

みなさんが覚えておきたい単語を書き込むスペース。語形変化などに気をつけながら, 単語を確認しましょう。

マイ例文

質問に対するオリジナルの答えを書き込めるスペース。「自分だったらどう答えるか」を考えて答えましょう。

教科書check!

教科書に出てきた英文を書き込めるスペース。教科書の基本文や本文を書き込んで練習しましょう。

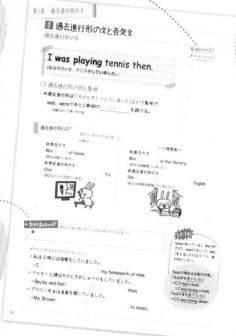

---

1 | 定期テスト前にまとめる

まずは ▶ ノートを作る

・教科書を見たり, 授業を思い出したりしながら, 要点を書き込みましょう。
・教科書 Check! や単語 Check! に, 教科書に出てくる英文や単語を書き込みましょう。
・問題を解いてみましょう。自分の苦手なところがわかります。

次に ▶ ノートを読む

自分で整理した教科書の英文や単語, 間違えた問題に注目しながら, 定期テストでねらわれるポイントを確認しましょう。

最後に ▶ 「確認テスト」を解く

定期テストに出やすい内容をしっかり押さえられます。

...Point!!

書き込むときは，オレンジペンやピンクペンを使うと付属の赤フィルターで消えやすいよ。暗記ノートとして，覚えるまでくり返しチェックできるね。

2 予習にもぴったり

授業の前日などに，この本で流れを追っておくのがおすすめです。教科書を全部読むのは大変ですが，このノートをさっと読んでいくだけで，授業の理解がぐっと深まります。

3 復習にも使える

学校の授業で習ったことをおさらいしながら，ノートの空欄（くうらん）を埋めていきましょう。先生が強調していたことを思い出したら，色ペンなどで目立つようにしてみてもいいでしょう。

また先生の話で印象に残ったことを，このノートの右側の空いているところに追加で書き込むなどして，自分なりにアレンジすることもおすすめです。

次のページからは，ノート作りのコツ について紹介していますので，あわせて読んでみましょう。

ノート作りのコツ

普段ノートを書く時に知っておくと役立つ，「ノート作りのコツ」を紹介します。どれも簡単にできるので、気に入ったものは自分のノートに取り入れてみてくださいね！

コツ① 色を上手に取り入れる

Point! 最初に色のルールを決める。

シンプル派→3色くらい

例）基本色→**黒**
　　重要点→**赤**
　　強調したい文章→**蛍光ペン**

カラフル派→4〜5色くらい

例）基本色→**黒**
　　重要点→**オレンジ**（赤フィルターで消える色＝暗記用），**赤**，**青**
　　強調したい文章→**黄色の蛍光ペン**
　　囲みや背景などに→**その他の蛍光ペン**

助動詞

have to 〜の文
「〜しなければならない」の文①

I have to read this book.
(私はこの本を読まなければなりません。)

● 「〜しなければならない」は、＿＿＿ を使う。
「私は〜しなければなりません」なら＿＿＿で表す。
● toのあとは動詞の **原形** が続く。

> まわりの状況を考えて「〜しなければならない」と言うときに使うことが多い。

> have toは、ふつう、[héftu ハフトゥ] [héfta ハフタ] のように続けて読む。

has to 〜の文

Mike has to go home now.
(マイクはもう家に帰らなければなりません。)

● 主語が3人称単数のときは＿＿＿を使う。
● 主語に関係なく、toに続く動詞はいつでも **原形**

> has toも、ふつう続けて読んで、[héstu ハストゥ] [hésta ハスタ] のように発音する。

have toとhas toの使い分け
空所に適する英語を書こう。

主語がI
I （　　　）（　　　） finish my homework.
(私は宿題を終わらせなければなりません。)

主語がyouや複数
We （　　　）（　　　） be quiet.
(私たちは静かにしなければなりません。)

主語が3人称単数
She （　　　）（　　　） go now.
(彼女はもう行かなければなりません。)

● **教科書check!** 自分の教科書に出ている have to 〜/has to 〜 の文を書こう。

単語Check!

日本文の意味を表す英文を完成させよう。
★ 私はトムを待たなければなりません。
→I （　　　）（　　　） wait for Tom.
★ 彼はサッカーを練習しなければなりません。
→He （　　　）（　　　） practice soccer.
★ あなたたちは、ここでは英語を話さなければなりません。
→You （　　　）（　　　） speak English here.
★ アンと健は図書館に行かなければいけません。
→Ann and Ken （　　　）（　　　） to （　　　） to the library.

> 言True注意! A and Bの主語は複数。Kenにつられて、has しないこと。

次の[ ]内の語句を並べかえて、日本文の意味を表す英文にしよう。
★ 私の姉はお皿を洗わなければなりません。
[the dishes / has / wash / sister / to / my].
→
★ 私たちは今日、家にいなければなりません。
[be / have / home / we / to] today.
→ 　　　　　　　　　　today.

次の日本文を英語になおそう。
★ 私たちは学校へ行かなければなりません。
→
★ 私の父は早く起きなければなりません。
→

● have to を使って、自分が今日しなければならないことを英語で書こう。

> **詳しく！** 過去のことについて、「〜しなければならなかった」と言うときは、had to 〜を使う。
> ・I had to wait there.
> (私はそこで待たなければなりませんでした。)

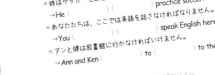

コツ2 空間をとって書く

✎Point✐
「多いかな?」と思うくらい，余裕を持っておく。

ノートの右から4〜5cmのところに区切り線を引きます。教科書の内容は左側（広いほう）に，その他の役立つ情報は右側（狭いほう）に，情報を分けるとまとめやすくなります。

・イラスト，間違えやすいポイント，その他の補足情報は右へ。
・授業中の先生の話で印象に残ったことや英単語など，自分で書きとめておきたい情報も右へどんどん書き込みましょう。

また，文章はなるべく短めに，わかりやすく書きましょう。途中の接続詞などもできるだけ省いて，「→」でつないでいくなどすると，すっきりまとまり，また流れも頭に入っていきます。

行と行の間を，積極的に空けておくのもポイントです。後で自分が読み返す時にとても見やすく，わかりやすく感じられます。追加で書き込みたい情報があった時にも，ごちゃごちゃせずに，いつでも付け足せます。

コツ3 イメージを活用する

✎Point✐
時間をかけず，手書きとコピーを使い分けよう。

自分の頭の中でえがいたイメージを，簡単に図やイラストにしてみると，記憶に残ります。この本でも，簡単に描けて，頭に残るイラストを多数入れています。とにかく簡単なものでOK。時間をかけると，絵を描くだけで終わってしまうので注意。

また，教科書の本文などは，そのままコピーして貼るほうが効率的。ノートに貼って，単語の意味や日本語訳などを追加で書き足すと，わかりやすい，自分だけのオリジナル参考書になっていきます。

その他のコツ

❶レイアウトを整える
情報のまとまりを意識して，頭の文字を1字ずつずらしていくと，見やすくなります。また，見出しは1回り大きめに，もしくは色をつけると，メリハリがついてきれいに見えます。

❷インデックスをつける
ノートはなるべく2ページ単位でまとめ，またその時インデックスをつけておくと，後で見直ししやすいです。教科書の単元や項目と合わせておくと，テスト勉強がさらに効率よくできます。

❸かわいい表紙で，持っていてうれしいノートに！
表紙の文字をカラフルにしたり，絵を描いたり，シールを貼ったりと，表紙をかわいくアレンジするのも楽しいです。

中1英語の復習問題

空欄を埋めましょう。（1つの空欄に1語入ります。）

① be動詞の文・一般動詞の文・命令文・名詞など

★ 主語とbe動詞の使い分け

主語	be動詞
I	am
He / She など 3人称単数	is
You や複数	are

↓できたらチェック

□ ① 私は田中絵理です。 _____ _____ Tanaka Eri.

□ ② こちらは健太です。彼はとても親切です。
_____ _____ Kenta. _____ _____ very kind.

□ ③ 私たちはオーストラリア出身です。
_____ _____ _____ Australia.

□ ④ あなたはブラウン先生ですか。— いいえ、ちがいます。
_____ _____ Mr. Brown? — No, _____ _____ _____ .

□ ⑤ リサとトムはスポーツが好きです。
Lisa and Tom _____ sports.

□ ⑥ あなたは毎日、本を読みますか。— はい、読みます。
_____ you _____ books every day?
— Yes, _____ _____ .

□ ⑦ リサは、毎週火曜日にテニスをします。
Lisa _____ tennis every _____ .

□ ⑧ 絵理は腕時計を2つ持っています。
Eri _____ two _____ .

□ ⑨ トムは何かペットを飼っていますか。
— はい。彼は犬を何匹か飼っています。
_____ _____ Tom have _____ pets?
—Yes, he _____ . He has _____ dogs.

□ ⑩ これは私の新しい本です。
This is _____ _____ _____ .

↳形容詞の位置に注意。名詞の前に入れる

1人称
I（私） we（私たち）

2人称
you（あなた、あなたたち）

3人称
Sam（サム）, my dog（私の犬）, they（彼ら）など、自分と相手以外全部

ミス注意！
主語が3人称単数で現在の文のとき、動詞にはsをつける。ただし、haveは不規則に変化する。

2つ以上のものは複数形で表す。ふつうは、最後にsをつけるが、s, x, ch, shで終わる語にはesをつける。

詳しく！
「いくつかの」と言うときは、someを使う。否定文や疑問文ではふつうanyを使う。

☐ ⑪ あれは何ですか。— 博物館です。

_____ that? — _____ a museum.

> What is ～?の疑問文には，ふつう，It is ～.の形で答える。

☐ ⑫ 彼らは教師ではありません。彼らは学生です。

They _____ teachers. They're _____.

> ↳複数形にすること

> be動詞の否定文は，be動詞のあとにnotを入れる。

☐ ⑬ 私は野球が得意ではありません。

_____ good at baseball.

> ↳be good at ～ で「～が得意だ」という意味

☐ ⑭ 私たちは，日曜日には学校へ行きません。

We _____ to school on Sundays.

> 一般動詞の否定文は，動詞の前にdon'tかdoesn'tを入れる。
> 主語が3人称単数のときはdoesn'tで，それ以外はdon't。

☐ ⑮ 私の父は，ロック音楽を聞きません。

My father _____ _____ to rock music.

> ↳主語は3人称単数

☐ ⑯ 彼女は私のおばです。私は彼女が好きです。

_____ my aunt. I like _____.

> 「～しなさい」「～してください」のように指示したり，お願いしたりするときは，動詞で文を始める。

☐ ⑰ テニスをしましょう。私のラケットを使ってください。

_____ _____ tennis. _____ _____ racket.

☐ ⑱ リサ，ここで待っていて。動かないで。

Lisa, _____ here. _____ move.

☐ ⑲ ロンドンは何時ですか。— 5時50分です。

_____ _____ is it in London?

— _____ five fifty.

☐ ⑳ あなたはふつう何時に寝ますか。— 10時です。

_____ _____ _____ _____ you usually go to bed?

— _____ ten.

> ミス注意!
> 一般動詞の疑問文では，be動詞ではなく，do[does]を使う。
> × What time are you go ～? などとはしない。

☐ ㉑ 今日は何曜日ですか。— 水曜日です。

_____ day is _____ today? — It's _____.

② いろいろな疑問詞の文・現在進行形の文

□ ㉒ 文化祭はいつですか。— 11 月 4 日です。

＿＿＿＿＿＿＿ is the school festival? — It's ＿＿＿＿＿＿＿ 4.

> What や When などの疑問詞は文の最初におくのが原則。

□ ㉓ 東京の天気はどうですか。—くもりです。

＿＿＿＿＿＿＿ the weather in Tokyo? — ＿＿＿＿＿ cloudy.

> 天候, 曜日, 時刻を表す文では, 主語に it を使う。

□ ㉔ トムはどこでサッカーをしますか。—学校です。

＿＿＿＿＿＿ ＿＿＿＿＿ Tom play soccer? — ＿＿＿＿ school.

□ ㉕ あなたは本を何冊持っていますか。—約 20 冊持っています。

＿＿＿＿＿ ＿＿＿＿＿ ＿＿＿＿＿ do you have?

— I have ＿＿＿＿＿ twenty.

> ミス注意!
> How many に続く名詞は複数形にする。

□ ㉖ あちらの男性はだれですか。— 彼^{かれ}は私の兄です。

＿＿＿＿＿＿ that man? — ＿＿＿＿＿ my brother.

□ ㉗ 私はリサの部屋で勉強をしています。

＿＿＿＿ ＿＿＿＿ in Lisa's room.

> ミス注意!
> 何かの動作をしている最中であることを表すときは, 現在進行形を使う。
> know (知っている), want (ほしい) などの状態を表す動詞は, ふつう進行形にしない。

□ ㉘ 彼は新しいボールをほしがっています。

＿＿＿＿＿ ＿＿＿＿＿ a new ball.

□ ㉙ あなたのお母さんは公園で走っているところですか。— はい。

＿＿＿ your mother ＿＿＿＿＿＿ in the park?

— Yes, ＿＿＿＿＿ ＿＿＿＿＿.

> 進行形の否定文, 疑問文の作り方はふつうの be 動詞の文と同じ。

□ ㉚ あなたは何をしていますか。—手紙を書いています。

＿＿＿＿＿ are you ＿＿＿＿＿?

— ＿＿＿＿＿ ＿＿＿＿＿ a letter.

□ ㉛ 彼らはテレビを見ているところではありません。

They're ＿＿＿＿＿＿＿＿ TV.

❸ canの文・過去の文・過去進行形の文など

主語が3人称単数のときでも，canの形は変わらず，あとの動詞は原形にする。

□ ㉜ ジョーンズさんは日本語が上手に話せます。

Ms. Jones ＿＿＿＿ ＿＿＿＿ Japanese well.

□ ㉝ 彼は自転車に乗ることができません。

He ＿＿＿＿＿＿＿＿ ＿＿＿＿ a bike.

canを使って「～できますか」とたずねるときは，Canで文を始める。答えるときにもcanを使う。

□ ㉞ トムはピザを作ることができますか。— はい，できます。

＿＿＿＿ Tom ＿＿＿＿ pizza? — Yes, he ＿＿＿＿.

詳しく！

Can I ～?は「～してもいいですか」，Can you ～?は「～してくれますか」という意味。

□ ㉟ この箱を開けてもいいですか。— いいよ。

＿＿＿＿ ＿＿＿ open this box? — OK.

□ ㊱ 私といっしょに来てくれますか。— いいですよ。

＿＿＿＿ ＿＿＿＿ come with me? — Sure.

□ ㊲ 彼らは昨年，シドニーに住んでいました。

They ＿＿＿＿ in Sydney ＿＿＿＿ year.

□ ㊳ 美奈は，2年前にニューヨークを訪問しましたか。
— いいえ。彼女はボストンを訪問しました。

＿＿＿＿ Mina ＿＿＿＿ New York two years ＿＿＿＿?
— No, she ＿＿＿＿. She ＿＿＿＿ Boston.

□ ㊴ 私の祖母は10年前は医師でした。

My grandmother ＿＿＿＿ a doctor ten years ＿＿＿＿.

「～しました」のように過去のことを言うときは，動詞を過去形にするよ。

□ ㊵ ジョンと私は昨夜は家にいませんでした。

John and I ＿＿＿＿ ＿＿＿＿ home last night.

□ ㊶ あなたはそのとき走っていましたか。— いいえ。

＿＿＿＿ you ＿＿＿＿ then?— No, I ＿＿＿＿.

13

No.

1 過去進行形の文と否定文

過去進行形の文

*教科書の新出単語と
その意味を書こう。

□

I **was playing** tennis then.

(私はそのとき，テニスをしていました。)

□

□

(1) 過去進行形の形と意味

◎過去進行形は「(そのとき) ～していました」という意味で，

was, wereのあとに動詞の ___ing形___ を続ける。

└ 主語によって使い分ける

□

過去進行形とは?

*空所に適する英語を書こう。

~今~

◎現在の文
Mai (　　　) at home.
(麻衣は家にいます。)

◎現在進行形の文
She (　　) (　　　) TV.
(彼女はテレビを見ています。)

~2時間前~

◎過去の文
Mai (　　　　) in the library.
(麻衣は図書館にいました。)

◎過去進行形の文
She (　　) (　　　　) English.
(彼女は英語を勉強していました。)

◆教科書check!　*自分の教科書に出ている過去進行形の文を書こう。

　●

ミス注意!

know(知っている), like(好きだ), want(ほしい), see(見える)などはふつう, 進行形にしない。

haveの場合は注意が必要。
「私は本を持っていた」
→○I had a book.
　×I was having a book.
「私は夕食を食べていた」
→○I was having dinner.

---

*日本文の意味を表す英文を完成させよう。

★私は9時には宿題をしていました。

→I (　　　　　) (　　　　　　　) my homework at nine.

★ベッキーと健はそのときおしゃべりをしていました。

→Becky and Ken (　　　　　) (　　　　　　) then.

★ブラウン先生は音楽を聞いていました。

→Ms. Brown (　　　　) (　　　　　　　) to music.

(2) 動詞の ing 形の作り方　🖊空所に適する語句を書こう。

動詞の種類	ing 形の作り方	例
ふつうの動詞	最後に ＿＿＿＿＿＿ をつける	read（読む）→（ ）
e で終わる動詞	最後の <u>e をとって</u> ing をつける	use（使う）→（ ）
run や swim など	最後の <u>1文字を重ねて</u> ing をつける	run（走る）→（ ）

🖊次の動詞を ing 形にしよう。

look（見る）→（   ）　　　　make（作る）→（   ）

take（取る）→（   ）　　　　sit（すわる）→（   ）

マイ単語（   ）　　　　　　マイ単語（   ）

> 詳しく！
> 1文字を重ねて ing をつける動詞にはほかに, sit（すわる）, put（置く）, stop（止まる）, cut（切る）, get（手に入れる）などがある。

🖊日本文の意味を表す英文を完成させよう。

★彼はそのとき, 泳いでいました。

　→He（   ）（   ） then.

★私たちはそのとき, 昼食を食べていました。

　→We（   ）（   ） lunch then.

過去進行形の否定文

I was not running at 7 a.m.

（私は午前7時には, 走っていませんでした。）

> ★過去進行形でよく使う語句
> ・then（そのとき）
> ・at that time（そのとき）
> ・at 〜 （〜時に）
> ・when 〜 （〜したとき）
> 　→p.58

🖊単語Check!

◉「〜していませんでした」は, was, were のあとに ＿＿＿＿＿ を入れる。
　└短縮形の wasn't, weren't がよく使われる

🖊次の英文を否定文に書きかえよう。

★ We were playing soccer then.

　→ ＿＿＿＿＿＿＿＿＿＿＿＿＿＿＿

　　（私たちはそのとき, サッカーをしていませんでした。）

★ It was snowing then.

　→ ＿＿＿＿＿＿＿＿＿＿＿＿＿＿＿

　　（そのとき雪は降っていませんでした。）

□ □ □ □ □

2 過去進行形の疑問文

過去進行形の疑問文と答え方

Were you reading a book then?

（あなたはそのとき，本を**読んでいましたか**。）

— Yes, I was. / No, I wasn't.

（はい，読んでいました。／いいえ，読んでいませんでした。）

> 過去進行形の疑問文の作り方と
> 答え方は，ふつうのbe動詞の
> 過去の文と同じ。
> be動詞で文を始め，
> be動詞を使って答える。

単語Check!

- ◎「～していましたか」という疑問文は，主語が3人称単数なら
　　　　　　　　で，youや複数なら　　　　　　　　で文を始める。
- ◎答え方…「は　い」→ Yes, ～ was[were].
　　　　　「いいえ」→ No, ～ wasn't[weren't].
　　　　　wasn'tはwas not, weren'tはwere notの短縮形

本読んでた？

答え方
はい　　　Yes, I was.
いいえ　　No, I wasn't.

✐次の英文を疑問文に書きかえよう。

★ Bob was riding a bike then.

　→＿＿＿＿＿＿＿＿＿＿＿＿＿＿＿＿＿＿

　（ボブはそのとき，自転車に乗っていましたか。）

★ They were watching TV.

　→＿＿＿＿＿＿＿＿＿＿＿＿＿＿＿＿＿＿

　（彼らはテレビを見ていましたか。）

✐日本文の意味を表す英文を完成させよう。

★あの犬は眠っていましたか。— はい，眠っていました。

　→（　　　　　　）that dog（　　　　　　　　　）?

　　—（　　　　　　），it（　　　　　　　　）.

★あなたはこのペンを使っていましたか。

　　— いいえ，使っていませんでした。

　→（　　　　　　）you（　　　　　　　）this pen?

　　— No,（　　　　　　）（　　　　　　　）.

> ミス注意！
> 過去進行形の疑問文では，
> Didは使わない。
> ×Did you playing ～?
> ○Were you playing ～?

「何をしていましたか」とたずねる文

What were you doing then?

（あなたはそのとき何をしていましたか。）

● 「あなたは何をしていましたか。」は，

_____ でたずねる。

> 「彼女は何をしていましたか。」のように，主語が3人称単数なら，What was she doing?にする。

✏適する語を書いて，会話文を完成させよう。

★ A: What (　　　　　) John (　　　　　) then?

（ジョンはそのとき，何をしていましたか。）

B: He (　　　　　)(　　　　　) dinner with his father.

（彼は父親と夕食を作っていました。）

★ A: What (　　　　　) you (　　　　　)?

（あなたは何を勉強していましたか。）

B: I (　　　　　)(　　　　　) math.

（私は数学を勉強していました。）

> 左の会話文のように，doing以外の動詞のing形がくることもある。

単語Check!

☐

マイ例文 ✏次の質問に，自分自身の答えを英語で書こう。

★ What were you doing at ten last night?

（あなたは昨夜の10時に何をしていましたか。）

→ _____

☐

☐

過去形と過去進行形の使い分け

☐

● 過去の出来事 → 過去形で表す。

● 過去のある時点にしている最中だったこと → 過去進行形で表す。

☐

✏動詞の形に注意して，日本文の意味を表す英文を完成させよう。

★ 美紀は，昨夜の9時にはテレビを見ていました。

→ _____ TV at nine last night.

★ 美紀は，昨日テレビを見ました。

→ _____ TV yesterday.

> ミス注意！
> 下の文では単なる過去のことを表していることに注意しよう。

3 be going to ～の文と否定文

be going to ～を使った未来の文

このbeは, be動詞のこと。
I amの短縮形のI'mが
よく使われるよ。

I am going to visit Hawaii next year.

（私は来年，ハワイを訪れる**つもりです**。）

◉「～するつもりです」のように，未来の予定を言うときは

　be ＿＿＿＿＿＿＿＿＿ ～で表す。

◉動詞は主語によって，am, is, areを使い分ける。

主語	be動詞		
I	（　　　）		
He, She など にんしょう 3人称単数	（　　　）	going to	動詞 ～.
You や複数	（　　　）		

単語Check!

✍教科書の新出単語と
その意味を書こう。

☐

☐

◉ toのあとの動詞はいつも　原形　。

　└sやedなどがつかないもとの形

☐

教科書check!　✍自分の教科書に出ているbe going to ～の文を書こう。

　●

☐

現在・過去・未来の文　　✍空所に適する英語を書こう。

現在の文　He（　　　　）to the park every day.
　　　　　　（彼は毎日，公園へ行きます。）

過去の文　He（　　　　）to the park yesterday.
　　　　　　（彼は昨日，公園へ行きました。）

未来の文　He（　　）（　　　　　）（　　　　　）（　　　　）to the park tomorrow.
　　　　　　（彼は明日，公園へ行く予定です。）

✍日本文の意味を表す英文を完成させよう。

★美紀は明日，走るつもりです。

　→Miki（　　　）going to（　　　　）tomorrow.

★私たちは放課後，勉強する予定です。

　→We（　　　）（　　　　）to study after school.

ミス注意!

主語が3人称単数のときでも，
toのあとの動詞は原形。
「彼は野球をするつもりです。」
✕He is going to <u>plays</u> baseball.
○He is going to <u>play</u> baseball.

✏️次の日本文を英語になおそう。

★ 私は明日，自分の部屋をそうじするつもりです。

→ _____ tomorrow.

> ★ 未来の文でよく使われる語句
> ・tomorrow（明日）
> ・next ～（次の～）
> next week（来週）
> ・this weekend（今週末）

★ 私の父は今年の夏，カナダを訪れる予定です。

→

    this summer.

★ 彼らは来月，日本へ来る予定です。

→ _____

    next month.

be going to ～の否定文

I am not going to eat ice cream tonight.

（私は今夜，アイスクリームを食べる**つもりはありません**。）

◉「～するつもりはありません」は，be動詞のあとにnotを入れる。
◉「彼女は～するつもりはありません」なら，

==================== ～ . で表す。

> 否定文の作り方はふつう
> のbe動詞の文と同じ！

✏️次の英文を否定文に書きかえよう。

★ He's going to make dinner tonight.

→ _____

   （彼は今夜，夕食を作るつもりはありません。）

★ We're going to go shopping tomorrow.

→ _____

   （私たちは明日，買い物に行くつもりはありません。）

単語Check!

✏️日本文の意味を表す英文を完成させよう。

★ 私は映画に行くつもりはありません。

→I'm (   ) (   ) (   ) go to the movies.   ☐

★ 美紀とリサは今週末，テニスをするつもりはありません。

→Miki and Lisa (   ) going (   ) (   )   ☐

    tennis this weekend.

☐

🄸 be going to 〜の疑問文など

be going to 〜の疑問文と答え方

Are you going to go abroad this summer?

（あなたは今年の夏，海外へ行くつもりですか。）

— Yes, I am. / No, I'm not.

（はい，そのつもりです。／いいえ，そのつもりはありません。）

> be going to〜の疑問文の作り方は，ふつうのbe動詞の文と同じ。doやdoesは使わない！
> × Does he going to go 〜?
> ○ Is he going to go 〜?

- ◦「〜するつもりですか」「〜する予定ですか」は，be動詞で文を始める。
- ◦「あなたは〜するつもりですか」は
  _____ 〜？ _____ で，
  「彼(かれ)は〜するつもりですか」なら
  _____ 〜？ _____ で表す。
- ◦答え方…ふつうのbe動詞の文と同じ。

> ★答え方の例
> Is he going to 〜?
> →（はい）Yes, he is.
> 　（いいえ）No, he isn't.
> 　　　　　No, he's not.
> Are they going to 〜?
> →（はい）Yes, they are.
> 　（いいえ）No, they aren't.
> 　　　　　No, they're not.

単語Check!

□

✎日本文の意味を表す英文を完成させよう。

★あなたは明日，早く起きるつもりですか。―はい。

→（　　　　）you（　　　　　　）to get up early tomorrow?

— Yes,（　　　　）（　　　　）.

★彼は来週，京都を訪れる予定ですか。―いいえ。

→（　　　　）he going to（　　　　　）Kyoto next week?

—（　　　　　），he（　　　　　）.

★あなたとジムはテニスをするつもりですか。―はい。

→（　　　　）you and Jim going（　　　　）play tennis?

— Yes,（　　　　）（　　　　）.

□

□

□

□

□

✐次の[ ]内の語句を並べかえて，日本文の意味を表す英文にしよう。

★ サラ（Sarah）はピアノを練習するつもりですか。

[to / the piano / is / practice / Sarah / going]?

☐

→ _____

★ あなたは動物園へ行く予定ですか。

[going / are / the zoo / you / to / to / go]?

☐

→ _____

☐

疑問詞で始まる be going to ～の疑問文

What are you going to do next Sunday?

（あなたは次の日曜日に**何をする**つもりですか。）

◉「あなたは何を～するつもりですか」は

_____ ～? _____ で表す。

> 疑問詞と組み合わせて使うときは，疑問詞で文を始める。そのあとに，are you going to ～?などの疑問文の形を続ける。

✐日本文の意味を表す英文を完成させよう。

★ リサは今週末何をする予定ですか。―彼女（かのじょ）は公園を走る予定です。

→（　　　　　　） is Lisa going to（　　　　　　） this weekend?

― She（　　　　　）（　　　　　）（　　　　　） run in the park.

★ あなたはいつ宿題をするつもりですか。

→（　　　　　　） are you going（　　　　　　） do your homework?

> Yes/Noは使わず，I'm going to～.やHe is going to ～.などを使って答えるよ。

✐次の日本文を英語になおそう。

★ あなたはどのくらいここに滞在（たいざい）するつもりですか。

→ _____

★ 彼は明日，何時に起きるつもりですか。

→ _____

> 「どのくらい」は「どのくらい長く」ということ。期間をたずねる文。

マイ例文 ✐次の質問に，自分自身の答えを英語で書こう。

★ What are you going to do next Saturday?　（あなたは次の土曜日に何をする予定ですか。）

→ _____

5 will の文

未来を表す will の文と will の否定文

> I will call him tonight. (私は今夜, 彼に電話します。)
> She will not come here. (彼女はここに来ないでしょう。)

> **詳しく!**
> 会話では次のような短縮形がよく使われる。
> ・I will → I'll
> ・You will → You'll
> ・He will → He'll
> ・She will → She'll
> ・It will → It'll

◎ 未来の表し方 → be going to 〜のほかに　　　　　　　もある。

◎ will に続く動詞はいつでも　原形　にする。

◎「私は〜しないでしょう」は　　　　　　　　〜．　で,
　　　　　　　　　　　　　　└ will not の短縮形

「彼は〜しないでしょう」なら　　　　　　　　〜．　で表す。

> **will**は can と同じ「助動詞」の仲間。あとの動詞はいつも原形だよ。

---

will の文

✐空所に適する英語を書こう。

(　　)(　　　　) the phone.
(私が電話に出ます。)

RING
RING

(　　)(　　　　) tomorrow.
(明日は雨が降るでしょう。)

> **詳しく!**
> be going to 〜はすでに決めている予定を言うときに, will は今その場で決めたことを言うときや,「〜でしょう」と予想を表すときに使うことが多い。

教科書check!

✐自分の教科書に出ている will の文を書こう。

●

単語Check!
□

✐will を使って, 日本文の意味を表す英文を完成させよう。

★たくさんの人がこの城を訪れるでしょう。

→ Many people (　　　　)(　　　　　) this castle.

□

★トムはあなたを手伝うでしょう。

→ Tom (　　　　)(　　　　　) you.

□

★彼女は今夜, テレビを見ないでしょう。

→ She (　　　　)(　　　　　) TV tonight.

□

✐次の[　]内の語句を並べかえて，日本文の意味を表す英文にしよう。

★ 彼女は将来，いい歌手になるでしょう。

[will / a good singer / she / be] in the future.

→ _____ in the future.

★ 明日は暑くないでしょう。

[it / be / hot / won't] tomorrow.

→ _____ tomorrow.

> **ミス注意!**
> beはbe動詞の原形。hot
> など形容詞の文では，be
> 動詞を入れ忘れるまちが
> いが多いので注意。

will の疑問文

Will Lisa **come** to the party?

（リサはパーティーに来るでしょうか。）

― Yes, she **will**. / No, she **won't**.

（はい，来る**でしょう**。/ いいえ，来ない**でしょう**。）

> willを使う文では，否定文
> でも疑問文でも，動詞は
> いつも原形。
> ×Will Lisa comes ～?
> としないこと。

◉ will の疑問文は，Will で文を始める。

◉「あなたは～するでしょうか」は ＿＿＿＿＿＿ ～？ ＿＿＿ で，
「彼は～するでしょうか」なら ＿＿＿＿＿＿ ～？ で表す。

◉ 答え方…「は　い」 → Yes, ～ ＿＿＿＿＿.
「いいえ」 → No, ～ ＿＿＿＿＿.

単語Check!

□

✐日本文の意味を表す英文を完成させよう。

★ 彼はまもなく到着するでしょうか。

― いいえ，しないでしょう。

→（　　　　）he（　　　　　　）soon?

― No,（　　　　）（　　　　）.

★ 明日はくもりでしょうか。

― はい，そうなるでしょう。

→（　　　　）it（　　　　　　）cloudy tomorrow?

― Yes,（　　　　）（　　　　）.

□

□

□

□

確認テスト①

/100

●目標時間：30分　●100点満点　●答えは別冊19ページ

1 次の英文の[　]内から適する語句を選び，記号を○で囲みなさい。　〈4点×4〉

(1) Akira [ア eats　　イ is eating　　ウ was eating] lunch at noon yesterday.

重要 (2) We're [ア will　　イ going　　ウ going to] play baseball at school.

(3) Will Sarah [ア come　　イ comes　　ウ coming] home soon?

(4) It [ア wasn't　　イ won't　　ウ didn't] rain tomorrow.

2 次の英文に対する応答として適するものを選び，記号を○で囲みなさい。　〈4点×4〉

重要 (1) Are you going to visit Osaka?

　　ア Yes, I will.　　　　イ Yes, I was.　　　ウ Yes, I am.

(2) Was Judy having dinner at that time?

　　ア No, she didn't.　　イ No, she wasn't.　　ウ No, she won't.

(3) Will it be warm tomorrow?

　　ア Yes, it does.　　　イ Yes, it was.　　　ウ Yes, it will.

(4) What were you doing then?

　　ア I was taking a bath.　　イ No, I didn't.　　ウ I'm going to the park.

3 次の日本文に合うように，〔　〕に適する語を書きなさい。　〈4点×5〉

(1) 健は部屋で眠っていました。

　　Ken〔　　　　　〕〔　　　　　　　〕 in his room.

重要 (2) 私は新しいコンピューターを買うつもりはありません。

　　〔　　　　　〕〔　　　　　　〕〔　　　　　　　　〕 to buy a new computer.

(3) ブラウンさんはそのとき車を洗ってはいませんでした。

　　Ms. Brown〔　　　　　　〕〔　　　　　〕 her car then.

重要 (4) あなたはよい歌手になるでしょう。

　　You〔　　　　　　〕〔　　　　　　〕 a good singer.

(5) あなたは来週，買い物に行くつもりですか。

　　〔　　　　　〕 you〔　　　　　　〕〔　　　　　　　　〕 go shopping next week?

4 次の英文を〔　　〕内の指示にしたがって書きかえなさい。　　　　　　　　〈5点×3〉

(1) Lisa swims in the pool <u>every day</u>.　〔下線部をnext weekにかえて〕

〔　　　　　　　　　　　　　　　　　　　　　　　　　　　　　　　　　　　　　〕

(2) My brother will do his homework tonight.　〔否定文に〕

〔　　　　　　　　　　　　　　　　　　　　　　　　　　　　　　　　　　　　　〕

(3) They're going to play soccer <u>after school</u>.　〔下線部をたずねる疑問文に〕

〔　　　　　　　　　　　　　　　　　　　　　　　　　　　　　　　　　　　　　〕

5 次の〔　　〕内の語句を並べかえて，日本文の意味を表す英文を作りなさい。　〈5点×4〉

(1) 10分前は雨が降っていました。　〔 raining / ten / was / minutes / it 〕 ago.

〔　　　　　　　　　　　　　　　　　　　　　　　　　　　　　　　　〕 ago.

重要 (2) 久美は明日，おばを訪問するつもりです。

〔 going / her aunt / to / visit / Kumi / is 〕 tomorrow.

〔　　　　　　　　　　　　　　　　　　　　　　　　　　　　　〕 tomorrow.

(3) あなたは今度の日曜日は家にいますか。　〔 be / next / Sunday / you / at home / will 〕?

〔　　　　　　　　　　　　　　　　　　　　　　　　　　　　　　　　　　　　〕

重要 (4) あなたは昨日の5時に何をしていましたか。

〔 you / five / what / at / were / doing 〕 yesterday?

〔　　　　　　　　　　　　　　　　　　　　　　　　　　　　　〕 yesterday?

6 次の会話を読んで，あとの問題に答えなさい。　　　　　　　　　　　　　　　〈計13点〉

Tom:　　Hi, Ayumi.　I called you at eight last night.

Ayumi:　Oh, sorry, Tom.　I was ①(run) in the park then.　What's up?

Tom:　　②(あなたは今週末に何をする予定ですか。)

Ayumi:　I'm going to visit my grandmother on Saturday, but I'm free on Sunday.

Tom:　　I'm going to go shopping on Sunday.　Can you come with me?

Ayumi:　Sounds good!

(1) ①の(　　)内の語を適する形にかえなさい。　〔　　　　　　　〕　〈3点〉

(2) ②(　　)内の日本文を英文にしなさい。　　〈5点〉

〔　　　　　　　　　　　　　　　　　　　　　　　　　　　　　　　　　　　　〕

(3) トムと歩美は日曜日に何をするつもりですか。日本語で答えなさい。　〈5点〉

〔　　　　　　　　　　　　　　　　　　　　　　　　　　　　　　　　　　　　〕

25

6 have to ～の文

「～しなければならない」の文①

I **have to** read this book.

（私はこの本を読ま**なければなりません。**）

> まわりの状況を考えて「～しなければならない」と言うときに使うことが多い。

- 「～しなければならない」は、＿＿＿＿＿＿＿＿＿を使う。
  「私は～しなければなりません」なら　　　　　　　　　～。
  で表す。
- toのあとは動詞の　原形　が続く。

> have toは、ふつう、[hǽftu ハフトゥ] [hǽftə ハフタ]のように続けて読む。

has to ～の文

Mike **has to** go home now.

（マイクはもう家に帰ら**なければなりません。**）

> has toも、ふつう続けて読んで、[hǽstu ハストゥ] [hǽstə ハスタ]のように発音する。

- 主語が3人称単数のときは＿＿＿＿＿＿＿＿＿を使う。
- 主語に関係なく、toに続く動詞はいつでも　原形　。

have toとhas toの使い分け

✎空所に適する英語を書こう。

主語がI

I (　　　　　) (　　　　　) finish my homework.
（私は宿題を終わらせなければなりません。）

主語がyouや複数

We (　　　　　) (　　　　　) be quiet.
（私たちは静かにしなければなりません。）

主語が3人称単数

She (　　　　　) (　　　　　) go now.
（彼女はもう行かなければなりません。）

📖 教科書check! ✐自分の教科書に出ている have to 〜／has to 〜 の文を書こう。

●

●

☐

☐

☐

✐日本文の意味を表す英文を完成させよう。

★ 私はトムを待たなければなりません。

→I (　　　　　　　) (　　　　　　　　　) wait for Tom.

☐

★ 彼はサッカーを練習しなければなりません。

→He (　　　　　　) (　　　　　　　　) practice soccer.

☐

★ あなたたちは，ここでは英語を話さなければなりません。

→You (　　　　　　) (　　　　　　　) speak English here.

★ アンと健は図書館に行かなければいけません。

→Ann and Ken (　　　　　　　) to (　　　　　　　) to the library.

ミス注意!
A and Bの主語は複数。
Kenにつられて，hasとし
ないこと。

✐次の[ ]内の語句を並べかえて，日本文の意味を表す英文にしよう。

★ 私の姉はお皿を洗わなければなりません。

[the dishes / has / wash / sister / to / my].

→

★ 私たちは今日，家にいなければなりません。

[be / have / home / we / to] today.

→ 　　　　　　　　　　　　　　　　　　　　　　today.

詳しく!
過去のことについて，「〜
しなければならなかった」
と言うときは，had to 〜
を使う。

・I had to wait there.
（私はそこで待たなけれ
ばなりませんでした。）

✐次の日本文を英語になおそう。

★ 私たちは学校へ行かなければなりません。

→

★ 私の父は早く起きなければなりません。

→

傘ないのに…

マイ例文 ✐have toを使って，自分が今日しなければならないことを英語で書こう。

→

7 have to ～の否定文と疑問文

have to ～の否定文

You **don't have to** get up early.

（あなたは早く起きる**必要はありません。**）

She **doesn't have to** study English tonight.

（<ruby>彼女<rt>かのじょ</rt></ruby>は今夜，英語を勉強する**必要はありません。**）

- ◎ have to ～の否定文は，_____ ～　で表す。
- ◎ 主語が3人<ruby>称<rt>にんしょう</rt></ruby>単数の場合は，_____ ～　。
- ◎「～する必要はない」「～しなくてもよい」という意味。

> **ミス注意!**
> このとき，× doesn't *has* to ～としないこと。否定文では，has は使わない。

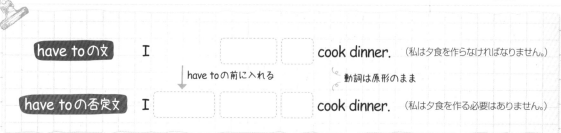

| have toの文 | I | | | cook dinner. | （私は夕食を作らなければなりません。） |

↓ have toの前に入れる　　　　　　　動詞は原形のまま

| have toの否定文 | I | | | cook dinner. | （私は夕食を作る必要はありません。） |

単語Check!

教科書Check!　📝自分の教科書に出ている have to ～の否定文を書こう。
- ●

□
□

📝次の英文を否定文に書きかえよう。

★ I have to finish my homework today.

→I _____ to finish my homework today.

　（私は今日，宿題を終わらせる必要はありません。）

□

★ John has to work tomorrow.

→John _____ work tomorrow.

　（ジョンは明日，働く必要はありません。）

□

★ You have to speak English here.

→You _____ English here.

　（あなたはここで英語を話さなくてもいいです。）

> have to ～の否定文は，「～しなくてよい」という意味。×「～してはいけない」という意味ではない。

have to 〜の疑問文と答え方

Do you **have to** walk to school?

（あなたは学校まで歩いて行か**なければなりませんか**。）

— Yes, I **do**. / No, I **don't**.

（はい, そうしなければなりません。／いいえ, その必要はありません。）

◎ have to 〜の疑問文は「〜しなければなりませんか」という意味で、　　　で文を始める。主語が3人称単数なら　　　　　を使う。

◎答え方は, ふつうのDo [Does] 〜? の疑問文の場合と同じ。

have to 〜 の疑問文への答え方

Do you have to〜?
はい Yes, I do.
いいえ No, I don't.

Does she have to〜?
はい Yes, she does.
いいえ No, she doesn't.

> 「いいえ」の答えは,「その必要はありません」「そうしなくてもいいです」という意味になる。

✎次の英文を疑問文に書きかえよう。

★ Ann has to leave now.

　→ _____ leave now?

　　（アンはもう出発しなければなりませんか。）

★ They have to take that train.

　→ _____

　　（彼らはあの電車に乗らなければなりませんか。）

✎日本文の意味を表す英文を完成させよう。

★私はここにいなければなりませんか。—いいえ。

　→（　　　　　）I have（　　　　　）be here?

　　— No,（　　　　　）（　　　　　）.

★彼は母親を手伝わなければなりませんか。—はい。

　→（　　　　　）he（　　　　　）to help his mother?

　　— Yes,（　　　　　）（　　　　　）.

> **詳しく!**
> 過去の否定文はdidn't have to 〜, 疑問文はDid … have to 〜?の形になる。
>
> ・I didn't have to wait here.
> （私はここで待つ必要はありませんでした。）
> ・Did you have to wait here?
> （あなたはここで待たなければなりませんでしたか。）

8 mustの文

「〜しなければならない」の文②

□

□

You **must** do your homework.

（あなたは宿題をし**なければなりません**。）

- ○「〜しなければならない」は, have to 〜以外に

　　を使うこともある。

- ○主語が3人称単数<ruby>にんしょう</ruby>であっても, mustの形は変わらない。

- ○mustに続く動詞はいつでも　 原形 　にする。

□

□

> **教科書check!** ✎自分の教科書に出ているmustの文を書こう。
> ●

> mustはcanやwillと同じく, 助動詞の仲間。いつも動詞の原形が続く。

✎mustを使って, 日本文の意味を表す英文を完成させよう。

★私たちは熱心に勉強しなければなりません。

　→We (　　　　　) (　　　　　　　　) hard.

★あなたは友達に親切にしなければなりません。

　→You (　　　　　　) (　　　　　　　　　) kind to your friends.

★あなたたちは朝早く起きなければなりません。

　→You (　　　　) (　　　　　　) (　　　　　　) early in the

　　morning.

★彼<ruby>かれ</ruby>は今夜, ピアノを練習しなければなりません。

　→He (　　　　　) (　　　　　　　　) the piano tonight.

> **詳しく!**
>
> have to 〜 はまわりの客観的な事情から「〜しなければならない」という状態を表すときに, mustは話し手自身の気持ちを表して, 「〜しなければならない」というときによく使われる。

must 〜の否定文

You **must not** touch the picture.

（その絵にさわっ**てはいけません**。）

- ○「〜してはいけません」と禁止するときは,

　　を使う。　　　　　　　短縮形はmustn't

> 疑問文は, mustで文を始める。
>
> ・Must I go now?
> （私はもう行かなければなりませんか。）
> — Yes, you must.
> （はい, 行かなければなりません。）
> — No, you don't have to.
> （いいえ, その必要はありません。）

must notとdon't have to

✏️空所に適する英語を書こう。

must not	→強い禁止を表す。

You ( ) ( ) read it.

（あなたはそれを読んではいけません。）

don't have to	→不必要を表す。

You ( ) ( ) ( ) read it.

（あなたはそれを読む必要はありません。）

✏️日本文の意味を表す英文を完成させよう。

★ あなたは教室で走ってはいけません。

→You ( ) ( ) run in the classroom.

★ 私たちは，ここでは日本語を話してはいけません。

→We ( ) speak Japanese here.

★ 彼女は自分の部屋をそうじする必要はありません。
　かのじょ

→She ( ) ( ) to ( ) her room.

> **詳しく！**
> You mustn't ～.は，Don't ～.
> で書きかえられることもある。
>
> ・You mustn't swim here.
> →Don't swim here.
> （ここで泳いではいけません。）

should ～の文

We **should** learn English.

（私たちは英語を学ぶべきです。）

> 疑問文はshouldで文を始め，
> Should ～?のようにする。
> 疑問詞がある場合は，
> Where should I ～?のよ
> うに疑問詞を文頭におく。

単語Check!

◉「～すべきだ」「～したほうがよい」は ＿＿＿＿＿＿＿ を使う。

　　　　　　　　└ あとに続く動詞は原形

✏️日本文の意味を表す英文を完成させよう。

★ あなたはあの映画を見るべきです。

→You ( ) see that movie.

★ 私はどこでバスを降りればいいですか。

→( ) ( ) I get off the bus?

9 「〜してもいいですか」（許可）など

Can I 〜？ / Can you 〜？の文

□

Can I open the window? （窓を開けてもいいですか。）

Can you close the door? （ドアを閉めてくれますか。）

□

◎「〜してもいいですか」と許可を求めるときは　　　　　　　〜？

で表す。

◎「〜してくれますか」と依頼するときは　　　　　　　　〜？

で表す。

□

✎日本文の意味を表す英文を完成させよう。

★ あなたの消しゴムを使ってもいい？

→（　　　　　　）（　　　　　　）use your eraser?

★ 私の家に来てくれますか。

→（　　　　　）（　　　　　　）come to my house?

> 助動詞 can は「〜することができる」という意味のほかに、このように許可を求めるときや依頼するときにも使うよ。

✎次の日本文を英語になおそう。

★ ここで写真を撮ってもいいですか？ーいいですよ。

→　　　　　　　　　　　　　　　　　a picture here?

— Sure.

★ 私を手伝ってくれますか。 ーいいですよ。

→

— No problem.

> **詳しく!**
> Can I 〜？や Can you 〜？に対しては、Sure. ／ All right. （いいですよ。）、OK. （いいよ。）のように応じる。断るときは、I'm sorry. （ごめんなさい。）のあとに理由を続ける。

May I 〜？の文

May I use your bike?

（あなたの自転車を使ってもいいですか。）

> may は「〜してもよい」という意味の助動詞で、許可を表す。

◎「〜してもいいですか」は　　　　　　〜？　　を使うこともある。

◎ May I 〜？は Can I 〜？よりもていねいな言い方。

Can I ～?とMay I ～?

Can I ～?の文
Can I use your pen?

（あなたのペンを使ってもいい？）

May I ～?の文
May I use this pen?

（このペンを使ってもいいですか。）

> Can I ～?はフレンドリーな言い方で，家族や友人に対してよく使う。May I ～?は，目上の人などに，ていねいに依頼したいときによく使う。

> Can I ～?は注文をするときにもよく使われるよ。
> Can I have a hamburger?
> （ハンバーガーを1つください。）

🖊 **教科書check!**　✎自分の教科書に出ているMay I ～?の文を書こう。

●

✎mayを使って，日本文の意味を表す英文を完成させよう。

★あなたのコンピューターを使ってもいいですか。

　— ごめんなさい，使っているんです。

　→（　　　　　　）（　　　　　　　　　） use your computer?

　　— I'm sorry, I'm using it.

★中に入ってもいいですか。— いいですよ。

　→（　　　　　）（　　　　　　　） come in?　— All right.

✎次の[　]内の語を並べかえて，日本文の意味を表す英文にしよう。

単語Check!

★ここにすわってもいいですか。

　[I / sit / here / may]?

　→

□

★質問してもいいですか。

　[question / ask / may / a / I]?

　→

□

★あなたの傘をお借りしてもいいですか。

　[borrow / may / your / I / umbrella]?

　→

□

10 「〜してくださいますか」（依頼）など

Could you 〜?の文

Could you help me?

（私を手伝ってくださいますか。）

> couldはcanの過去形。

◎「〜してくださいますか」とていねいに依頼するときは，

＿＿＿＿＿＿ 〜？ で表す。

> Can you 〜?よりもていねいな言い方

Can you 〜?とCould you 〜?

Can you 〜?の文

Can you carry my bag?

（私のかばんを運んでくれる？）

Could you 〜?の文

Could you carry my bag?

（私のかばんを運んでくださいますか。）

> Could you 〜?への応じ方はCan you 〜?の依頼の文と同じ。→p.32

✐日本文の意味を表す英文を完成させよう。

★もっとゆっくり話してくださいますか。— わかりました。

→（　　　　　）（　　　　　　　　）speak more slowly?

— （　　　　　）right.

単語Check!

★それをもう一度言ってくださいますか。— いいですよ。

→（　　　　　）（　　　　　　　　）say that again, please?

— Sure.

✐couldを使って，次の日本文を英語になおそう。

★ドアを開けてくださいますか。

→

★この本を読んでくださいますか。

→

Will you 〜? / Would you 〜?の文

> wouldはwillの過去形。

Will you open the door, please?

（ドアを開けてくれますか。）

Would you take a picture?

（写真を撮ってくださいますか。）

単語Check!

☐
☐
☐
☐
☐

◉「〜してくれますか」と依頼するときは，

　　　　　　 〜？　　　 でも表すことができる。

◉「〜してくださいますか」とていねいに依頼するときは，

　　　　　　 〜？　　　 でも表すことができる。

✎空所に適する英語を書こう。

いろいろな依頼の表現のまとめ		
文の形	例　文	意　味
Please＋命令文． 命令文，please．	Please （　　　　　　　） the window. （　　　　　　　） the window, please.	窓を開けてください。 →ていねいにお願いしたいときには使わない。
Can you 〜?	（　　　　　　） you open the window?	窓を開けてくれますか。
Will you 〜?	（　　　　　　） you open the window?	→親しい人に依頼するときによく使う。
Could you 〜?	（　　　　　　） you open the window?	窓を開けてくださいますか。
Would you 〜?	（　　　　　　） you open the window?	→それぞれ Can you 〜?, Will you 〜?よりもていねいな言い方。

✎[　]内の語を使って，次の日本文を英語になおそう。

★私といっしょに来てくれますか。　[will]

→_____

★この部屋をそうじしてくださいますか。　[could]

→_____

 マイ例文　✎学校の先生にお願いしたいことを英語で書こう。

→_____

11 「〜しましょうか」（申し出）など

Shall I 〜?の文

☐
☐
☐
☐

Shall I help you?

（あなたをお手伝い**しましょうか**。）

◎「（私が）〜しましょうか」と申し出るときは _____ 〜 ？
で表す。

Shall I 〜?への答え方

Shall I carry your bag?
かばんをお持ちしましょうか。

アニマル交通
I♡🐰

答え方
おねがい！ Yes, please.
だいじょうぶ No, thank you.

ほかに，Thank you.（ありがとう。），That's OK, thanks.
（大丈夫です，ありがとう。）
などの答え方もある。

ミス注意！

Shall I 〜?に，
×Yes, you shall.
×No, you shall not.
とは答えない。

✏日本文の意味を表す英文を完成させよう。

★ 今夜，あなたに電話しましょうか。

→（　　　　　）（　　　　　　　） call you tonight?

★ あなたにサンドイッチを作りましょうか。

→（　　　　　）（　　　　　　　）（　　　　　　　　　　） a sandwich for
you?

✏次の[　]内の語句を並べかえて，日本文の意味を表す英文にしよう。

★ 窓を開けましょうか。

[open / I / the window / shall]?

→ _____

★ 写真をお撮りしましょうか。

[a picture / shall / I / take]?

→ _____

Shall we 〜?の文

Shall we play tennis?

（テニスをし**ましょうか**。）

◉「（いっしょに）〜しましょうか」と誘（さそ）うときは　　　　　　　　　〜？
で表す。

Shall we 〜?への答え方

> Shall we go to the park?
> いっしょに公園へ行きましょうか。

答え方
そうしよう！　Yes, let's.
やめておこう　No, let's not.

> 誘うときの表現には，中1で習った，Let's 〜.もある。Shall we 〜?のほうがていねいな表現。

◉「私たちはどうすればいいでしょうか。」というときは，疑問詞で文を始めて　　　　　　　　　　　　do?となる。

★そのほかの答え方
・That's a good idea.
（それはいい考えですね。）
・Sounds nice.
（いいですね。）
・OK.
（いいよ。）

✏shall を使って，日本文の意味を表す英文を完成させよう。

★夕食を食べましょうか。

→（　　　　　　）（　　　　　　）（　　　　　　　　　） dinner?

★もう行きましょうか。— はい，そうしましょう。

→（　　　　　　）（　　　　　　）（　　　　　　　） now?

　— Yes,（　　　　　　　　）.

> 「買い物に行く」はgo shoppingで表そう！

★明日，買い物に行きましょうか。

→　　　　　　　　　　　　　　　　　　　　　 tomorrow?

No.

12 「AにBを見せる」などの文

show A B(AにBを見せる) の文

I'll **show** you my picture.
A　　B

（あなたに私の写真を見せましょう。）

> ミス注意!
> Aには「人」を表す語句,
> Bには「物」を表す語句が
> くる。
> showのあとは, 人→物
> の語順になることに注意。

● 「A（人）にB（物）を見せる」は ＿＿＿＿＿＿＿＿ で表す。

give A B(AにBをあげる) の文

My father **gave** me a book.
A　　B

（父が私に本をくれました。）

> 詳しく!
> 「人」に当たる語が代名詞
> の場合は, 目的格（「〜を」
> 「〜に」の形）を使う。

● 「A（人）にB（物）をあげる」は ＿＿＿＿＿＿＿＿ で表す。

show, giveの仲間の動詞

🖊空所に適する英語を書こう。

彼に手紙を送る
→（　　　　　　） him a letter

彼女に名前を教える
→（　　　　　　） her my name

> 詳しく!
> ほかに, teach（教える),
> pass（手わたす), cook
> （料理する), make（作
> る), bring（持ってくる),
> get（手に入れる）なども
> 同じように使われる。

彼らに何かをたずねる
→（　　　　　　） them something

あなたにカメラを買う
→（　　　　　　） you a camera

★ to, forの使い分け

to	show　give teach　tell send	
for	buy　make cook　get	

● toやforを使った書きかえ

show you a picture　→　show a picture ＿＿＿＿＿ you

buy you a book　→　buy a book ＿＿＿＿＿ you

教科書check! ✎自分の教科書に出ているshow A Bまたはgive A Bの文を書こう。

単語Check!

□

□

✎日本文の意味を表す英文を完成させよう。

★サラは私に自分の犬を見せてくれました。

→Sarah (　　　　　　　) (　　　　　　　　　) her dog.

□

★私は彼女にプレゼントをあげるつもりです。

→I'm going to (　　　　　　) (　　　　　　　) a present.

□

★あなたに数学を教えてあげましょう。

→I'll (　　　　　　) (　　　　　　) (　　　　　　).

□

✎次の[　　　]内の語句を並べかえて，日本文の意味を表す英文にしよう。

★動物園への道を教えてくれませんか。

[to / can / the way / tell / the zoo / me / you]?

□

→ _____

★あなたにいくつか質問してもいいですか。

[questions / I / some / ask / may / you]?

→ _____

★私にパスポートを見せてください。

[your / me / passport / show], please.

→ _____, please.

✎次の日本文を英語になおそう。

★私は弟に本を買ってあげました。

→ _____ for my brother.

人と物の順番に気をつけよう！

★スミス先生 (Ms. Smith) は私にアドバイスをくれました。

→ _____ some advice.

★マイク (Mike) は私にたくさんの写真を送ってくれました。

→ _____ many pictures.

マイ例文 ✎誕生日に「だれが」「何を」くれたのか英語で書こう。

→ _____

39

13 「AをBと呼ぶ」などの文

call A B（AをBと呼ぶ）の文

We **call** it *furoshiki.*
A B

（私たちはそれをふろしきと呼びます。）

> この文では, it = *furoshiki* の関係が成り立っている。Bには, 呼び名を表す名詞がくる。

- ◎「AをBと呼ぶ」は　　　　　　　で表す。
- ◎Aに当たる語が代名詞のときは目的格の形にする。
  「彼_{かれ}を」なら　　　　　　, 「彼女_{かのじょ}を」なら　　　　　　とする。

> このAは目的語, Bは補語と呼ばれる。補語には, 名詞がくる。

name A B（AをBと名づける）の文など

We **named** the dog Ann. （私たちはその犬をアンと名づけました。）
    A B

This song **makes** me happy. （この歌は私をうれしくさせます。）
      A B

- ◎「AをBと名づける」は　　　　　　で表す。
- ◎「AをBにする」は　　　　　　　　で表す。

> このnameは動詞。「名前」という意味で名詞としても使う。
> ・Her name is Ann.
> 　（彼女の名前はアンです。）

あとにA（目的語）, B（補語）が続く動詞

I call her Kumako.

（私は彼女をクマコと呼びます。）

> 補語のBには, happy（幸せな）などの感情を表す形容詞や, popular（人気のある）, famous（有名な）などの形容詞がよくくる。

They named the baby Taro.

（彼らはその赤ちゃんを太郎と名づけました。）

単語Check!

□

This book made him famous.

（この本は彼を有名にしました。）

□

□

いろいろな文型の整理　✐空所に適する英語を書こう。

「〜に見える」などの文
ルーシーの自転車は古そうに見えます。 Lucy's bike（　　　　　　　）old.
「A(人)にB(物)を見せる」などの文
私はルーシーに自転車をあげるつもりです。 I'm going to（　　　　　　）Lucy a bike.
「AをBと呼ぶ」などの文
その知らせはルーシーをうれしくさせました。 That news（　　　　　　　）Lucy happy.

これらの文型のちがいを
おさえておこう！

✐日本文の意味を表す英文を完成させよう。

★私のことはサムと呼んでください。

→Please（　　　　　　）（　　　　　　　　）Sam.

自己紹介をするときに使
う表現。

★この歌が彼らを人気者にしました。

→This song（　　　　　　）（　　　　　　）popular.

✐次の[　]内の語を並べかえて，日本文の意味を表す英文にしよう。

単語Check!

★彼女は自分の鳥をピコ (Piko) と名づけました。

[she / her / named / Piko / bird].

□

→

★彼の言葉は私を悲しくさせました。

[made / his / me / words / sad].

□

→

★私たちはこの花をアサガオと呼びます。

[this / call / *asagao* / we / flower].

□

→

□

マイ
例文　✐あなたの友達はあなたのことを何と呼ぶのかを，英語で書こう。

→

□

41

14 There is[are] 〜.の文

There is [are] 〜.の文

There is a big park in my town.
（私の町には大きな公園が**あります**。）

There are some parks in my town.
（私の町には公園がいくつか**あります**。）

> There is/There areに続く名詞がこの文の主語。

◉「〜があります」というとき，
　主語が単数なら _____ 〜 . で，
　主語が複数なら _____ 〜 . で表す。

> **詳しく！**
> 「〜がありました」という過去の文は，There was 〜. / There were 〜.となる。
>
> 「5年前ここに大きな木がありました。」
> There was a big tree here five years ago.

教科書check！ ✏自分の教科書に出ているThere is [are] 〜.の文を書こう。
　●
　●

✏日本文の意味を表す英文を完成させよう。

★いすの下にねこが1匹います。

→(　　　)(　　　　　) a cat under the chair.

単語Check！
□

★箱の中に本が3冊あります。

→(　　　)(　　　　　) three books in the box.

□

★この近くには書店が1軒ありました。

→(　　　)(　　　　　) a bookstore near here.

□

There is [are] 〜.の否定文

□

There is not a book on the desk.
（机の上に本は**ありません**。）

> 過去の文なら，There was not 〜. / There were not 〜.となるよ。

◉「〜がありません」は，isやareのあとに _____ を入れる。

◉「〜が1つもありません」は，There are not any 〜.のほかに _____ 〜 . でも表せる。

✏次の[　　]内の語句を並べかえて，日本文の意味を表す文にしよう。　　　　単語Check!

★ 窓のそばにピアノはありません。

　　[not / a piano / the window / there / by / is].

　→ _____

★ 空には雲が1つもありませんでした。

　　[clouds / any / were / in / there / the sky / not].

　→ _____

There is [are] 〜.の疑問文

> # Are there any restaurants near here?
> （この近くにレストランはありますか。）
>
> # — Yes, there are. ／ No, there aren't.
> （はい，あります。／いいえ，ありません。）

過去の文なら，
Was there 〜? /
Were there 〜? となるよ。

● 「〜がありますか」とたずねるとき，

　　主語が単数なら ＿＿＿＿＿＿＿＿＿＿＿ 〜？ で，

　　主語が複数なら ＿＿＿＿＿＿＿＿＿＿＿ 〜？ で表す。

● 答え方… 「はい」なら Yes, there is [are]. で，

　　　　　　「いいえ」なら No, there is [are] not. で答える。

✏日本文の意味を表す英文を完成させよう。

★ 壁に写真がありますか。―はい，あります。

　→（　　　　　）（　　　　　）a picture（　　　　　）the wall?

　― Yes,（　　　　　）（　　　　　）.

✏次の日本文を英文になおそう。

★ この動物園にパンダは何頭かいますか。―いいえ，いません。

　→ _____

　　― _____

★ 木の下に人は何人いますか。

　→ _____

詳しく!

「いくつ〜がありますか」
と数をたずねるときは，
How many を使う。

「このクラスに生徒は何
人いますか。」
How many students are
there in this class?

確認テスト②

●目標時間：30分　●100点満点　●答えは別冊 20 ページ

1 次の英文の[　]内から適する語句を選び，記号を○で囲みなさい。　〈4点×4〉

(1) グリーンさんは郵便局へ行かなければなりません。

　　Mr. Green [ア have　　イ has　　ウ must] to go to the post office.

重要(2) あなたはこの本を読む必要はありません。

　　You [ア aren't have　　イ have not　　ウ don't have] to read this book.

(3) あなたにカードを送ります。

　　I'll send [ア you to a card　　イ a card you　　ウ you a card].

(4) あなたの名前を教えてください。　Please [ア say　　イ tell　　ウ speak] me your name.

2 次の日本文に合うように，〔　〕に適する語を書きなさい。　〈4点×5〉

重要(1) ジムは 5 時に仕事を終えなければなりません。

　　Jim 〔　　　　　　　〕〔　　　　　　　　〕〔　　　　　　　　〕 his work at five.

(2) あなたは毎日新聞を読むべきです。

　　〔　　　　　　　　〕〔　　　　　　　　〕 read the newspaper every day.

(3) 私は彼女を由香と名づけました。　　I 〔　　　　　　　　〕〔　　　　　　　　〕 Yuka.

(4) あなたはこのドアを開けてはいけません。

　　〔　　　　　　　　〕〔　　　　　　　　〕 open this door.

(5) この映画は彼を有名にしました。

　　This movie 〔　　　　　　　　〕〔　　　　　　　　〕 famous.

3 右の絵を見て，次の問いに3語の英語で答えなさい。　〈4点×3〉

(1) Is there a cat under the chair?

　　〔　　　　　　　　　　　　　〕

(2) Are there any pens on the table?

　　〔　　　　　　　　　　　　　〕

(3) How many books are there on the table?

　　〔　　　　　　　　　　　　　〕

4 次の英文を[　]内の指示にしたがって書きかえなさい。　〈4点×3〉

(1) Sally has to clean her room today.　[疑問文に]

〔　　　　　　　　　　　　　　　　　　　　　　　　　〕

(2) You must touch this picture.　[「～してはいけない」という否定文に]

〔　　　　　　　　　　　　　　　　　　　　　　　　　〕

(3) We have to stay home today.　[「～する必要はない」という否定文に]

〔　　　　　　　　　　　　　　　　　　　　　　　　　〕

5 次の[　]内の語句を並べかえて，日本文の意味を表す英文を作りなさい。　〈5点×5〉

(1) あなたのパスポートを見せてもらえますか。

[passport / me / you / your / show / can]?

〔　　　　　　　　　　　　　　　　　　　　　　　　　〕

(2) 私の宿題を手伝ってくださいますか。

[help / with / could / my homework / me / you]?

〔　　　　　　　　　　　　　　　　　　　　　　　　　〕

(3) 私はプレゼントとして弟に自転車をあげました。

[gave / a present / a bike / my brother / as / I].

〔　　　　　　　　　　　　　　　　　　　　　　　　　〕

(4) 部屋の中には時計は1つもありませんでした。

[weren't / the room / any / there / in / clocks].

〔　　　　　　　　　　　　　　　　　　　　　　　　　〕

(5) 私たちは何時に会いましょうか。　[meet / what / we / time / shall]?

〔　　　　　　　　　　　　　　　　　　　　　　　　　〕

6 次の日本文を[　]内の語句を使って，英文にしなさい。　〈5点×3〉

(1) あなたはお皿を洗う必要はありません。　[have to]

〔　　　　　　　　　　　　　　　　　　　　　　　　　〕

(2) お手伝いしましょうか。　[shall]

〔　　　　　　　　　　　　　　　　　　　　　　　　　〕

(3) この単語をもう一度読んでくださいますか。　[could]

〔　　　　　　　　　　　　　　　　　　　　　　　　　〕

15 「〜するために」〈to＋動詞の原形〉①

「〜するために」の意味を表す〈to＋動詞の原形〉

> 〈to＋動詞の原形〉は「不定詞」とも呼ばれる。

I went to the zoo **to see** a panda.

（私はパンダを**見るために**動物園へ行きました。）

> 詳しく！
> 〈to＋動詞の原形〉をつけることで，「動作の目的」という情報をつけ加えている。このような使い方を「副詞的用法」と呼ぶ。

◉「〜するために」のように動作の目的を言うときは，_____ のあとに動詞の原形を続けて表す。

目的を表す〈to＋動詞の原形〉

✎空所に適する英語を書こう。

We came here.
（私たちはここに来ました。）

We came here（　　　　　）（　　　　　）.
（私たちはダンスをするためにここに来ました。）

単語Check!
✎教科書の新出単語とその意味を書こう。
□

教科書Check! ✎自分の教科書に出ている「〜するために」の文を書こう。
　　●

✎日本文の意味を表す英文を完成させよう。
□

★私は勉強するために図書館へ行きました。

→I（　　　　　　）to the library（　　　　　　）（　　　　　　　　）.

★トムは本を読むためにコンピューターを使います。
□

→Tom（　　　　　）a computer（　　　　　）（　　　　　）books.
□

✎次の[　]内の語句を並べかえて，日本文の意味を表す英文にしよう。

★彼女は朝食を作るために早く起きました。

[make / got up / to / breakfast / she / early].

→ _____

★健は獣医師(a vet)になるために熱心に勉強しました。

[a vet / to / Ken / hard / be / studied].

→ _____

> ミス注意！
> 〈to＋動詞の原形〉の文では，主語が3人称単数のときでも，過去の文のときでも，toのあとの動詞はいつでも原形を使う。
> × Judy comes here to swims.
> × Judy came here to swam.

Why ～?の文への答え方

● Why ～?（なぜ～ですか）の問いに,「～するためです」と

　目的を答えるときは, _____ のあとに動詞の原形を続ける。

☐

To ～.を使った目的の答え方

✎空所に適する英語を書こう。

☐

Why are you here?
（なぜここにいるの？）
— (　　　　　　) (　　　　　　　　　　) you.
　（あなたに会うためです。）

☐

☐

✎日本文の意味を表す英文を完成させよう。

★彼女はなぜ熱心に勉強するのですか。 — 試験に合格するためです。

　→(　　　　　　　) does she study hard?

　— (　　　　　　　) pass the exam.

★あなたはなぜ沖縄へ行ったのですか。 — 泳ぎに行くためです。

　→(　　　　　　　) did you go to Okinawa?

　— (　　　　　　) (　　　　　　　　) swimming.

> Why ～?の問いに「なぜなら～」と理由を答えるときは, Because ～.を使う。→p.61
> ・Why did you go to the hospital?
> （あなたはなぜ病院へ行ったのですか。）
> — Because I was sick.
> 　（なぜなら，病気だったからです。）

「～してうれしい」の意味を表す〈to ＋動詞の原形〉

● 「私は～してうれしい」のように感情の原因や理由を言うときは,

　_____ ～　．　で表す。

> 形容詞のあとに〈to ＋動詞の原形〉を続ける。

● 〈to ＋動詞の原形〉があとに続く形容詞

・be glad to ～
（～してうれしい）

・be sad to ～
（～して悲しい）

・be surprised to ～
（～して驚く）

・be sorry to ～
（～して残念に思う）

✎日本文の意味を表す英文を完成させよう。

★私はあなたに会えてうれしいです。

　→I'm (　　　　　　　　) (　　　　　　　) meet you.

★彼女はそれを聞いて残念に思いました。

　→She was (　　　　　) (　　　　　) (　　　　　　) that.

16 「〜すること」〈to＋動詞の原形〉②

「〜すること」の意味を表す〈to＋動詞の原形〉

I **want to play** soccer. （私はサッカーをしたいです。）

I **like to play** soccer. （私はサッカーを**する**のが好きです。）

> 「〜することを欲する」→「〜したい」という意味になる。

◉ 「〜したい」は ＿＿＿＿＿＿＿ のあとに動詞の原形を，
「〜するのが好き」は ＿＿＿＿＿＿＿ のあとに動詞の原形を続ける。

> **詳しく！**
> 〈to＋動詞の原形〉が動詞の目的語になっていて，名詞と同じような働きをしている。このような使い方を「名詞的用法」と呼ぶ。

名詞的用法で使われるおもな動詞

✐空所に適する英語を書こう。

He （　　　　　）（　　　　　） be a singer. ┄┄
かれ
（彼は歌手になりたがっています。）

> 「〜になりたい」は，ふつう want to be 〜 で表す。

I （　　　　　）（　　　　　） see him soon.
(私は早く彼に会いたいと思っています。)
[会うことを望みます]

It （　　　　　）（　　　　　） snow.
（雪が降り始めました。）

We （　　　　　）（　　　　　） think about this problem.
（私たちはこの問題について考える必要があります。）

My grandmother （　　　　　）（　　　　　） cook.
（私の祖母は料理をすることが好きです。）

🖊自分の教科書に出ている「〜すること」の文を書こう。

●

🖊日本文の意味を表す英文を完成させよう。

★ リサは教師になりたがっています。

→Lisa（　　　　　　）（　　　　　　）（　　　　　　）a teacher.

★ 私は買い物に行くのが好きです。

→I（　　　　　）（　　　　　）（　　　　　）shopping.

★ 彼らは英語を勉強する必要があります。

→They（　　　　　）（　　　　　）（　　　　　）English.

🖊次の[　]内の語句を並べかえて，日本文の意味を表す英文にしよう。

★ 私は医師として働くことを望んでいます。

[hope / as / to / a doctor / work / I].

→

★ 彼の夢は海外で勉強することです。

[dream / to / abroad / his / is / study].

→

★ あなたは何を食べたいですか。

[want / do / eat / to / you / what]?

→

ミス注意！
〈to＋動詞の原形〉は，be動詞のあとにきて文の補語になることもある。

🖊次の日本文を英語になおそう。

★ あなたは音楽を聞くのが好きですか。

→

★ 彼らはピアノをひきたがっていました。

→

単語Check!
☐
☐
☐

マイ例文 🖊次の質問に，自分自身の答えを英語で書こう。

★ What do you want to be in the future?

（あなたは将来，何になりたいですか。）

→

☐
☐

17「〜するための」〈to＋動詞の原形〉③

「〜するための」の意味を表す〈to＋動詞の原形〉

I have a lot of things **to do**.
（私には**するべき**ことがたくさんあります。）

Misa needs something **to eat**.
（美沙は何か**食べる**物を必要としています。）

> 詳しく！
>
> 〈to＋動詞の原形〉が名詞や代名詞を後ろから修飾していて，形容詞と同じような働きをしている。このような使い方を「形容詞的用法」と呼ぶ。

◉「〜するための…」「〜するべき…」は，名詞のすぐあとに

　　　＋動詞の原形　　　を続ける。

◉「〜するための何か」「何か〜するためのもの」は，

　　　　　　のあとに　　　＋動詞の原形　　　を続ける。

> 〈to＋動詞の原形〉は名詞以外にsomethingなどの代名詞も後ろから修飾する。

（代）名詞を後ろから修飾する〈to＋動詞の原形〉

time to study
（勉強する時間）

a chance to go abroad
（海外へ行く機会）

friends to talk with
（話をする友達）

something to read
（何か読む物）

単語Check！
□
□
□
□

✏日本文の意味を表す英文を完成させよう。

★彼は夕食を食べる時間がありませんでした。

→He had no (　　　　　) (　　　　　) (　　　　　) dinner.　□

★私は何か飲む物がほしいです。

→I want (　　　　　) (　　　　　) (　　　　　).　□

★奈良には訪れるべき場所がたくさんあります。

→There are a lot of (　　　　　) (　　　　　) (　　　　　) in Nara.　□

✐次の[　]内の語句を並べかえて，日本文の意味を表す英文にしよう。   単語Check!

★ 私は昨日，何もすることがありませんでした。

I [nothing / to / yesterday / had / do].   ☐

→ I ＿＿＿＿＿＿＿＿＿＿＿＿＿＿＿＿＿＿＿ .   ☐

★ 私は電車で読むための本がほしいです。

[read / I / a book / to / on the train / want].   ☐

→ ＿＿＿＿＿＿＿＿＿＿＿＿＿＿＿＿＿＿＿

〈to＋動詞の原形〉の整理

✐空所に適する英語を書こう。

用　法	意　味	例　文
副詞的用法	「～するために」 （動作の目的を表す）	I went to the sea（　　　　）（　　　　）. （私は泳ぐために海へ行きました。）
副詞的用法	「～してうれしい」など （感情の原因や理由を表す）	I was（　　　　）（　　　　）win the game. （私は試合に勝ってうれしかったです。）
名詞的用法	「～すること」 （動詞の目的語になる）	I（　　　）（　　　）（　　　　）TV. （私はテレビを見るのが好きです。）
形容詞的用法	「～するための」 （(代)名詞を後ろから修飾する）	I had no（　　　　）（　　　）sleep. （私は寝る時間がありませんでした。）

マイ例文 ✐I'm happy を使って，相手に会えてうれしいと伝える英文を書こう。

→ ＿＿＿＿＿＿＿＿＿＿＿＿＿＿＿＿＿＿＿

「会う」は，初対面の人ならmeet，知っている人ならseeを使うよ。

マイ例文 ✐like to を使って，自分の好きなことを伝える英文を書こう。

→ ＿＿＿＿＿＿＿＿＿＿＿＿＿＿＿＿＿＿＿

マイ例文 ✐友達に今日，何かするべきことがあるかをたずねる英文を書こう。

→ ＿＿＿＿＿＿＿＿＿＿＿＿＿ today?

否定文や疑問文では，ふつうanythingが使われる。

18 「〜することは…です」など　〈to＋動詞の原形〉④

It is … to 〜.の文

It is easy to speak English.

（英語を話すことは簡単です。）

詳しく!
このitには「それは」という意味はない。あとの〈to＋動詞の原形〉の代わりに「とりあえずの主語」として使われている。

◎「〜することは…です」と言うときは ＿＿＿＿＿ を主語にして，
＿＿＿＿＿＋動詞の原形 を後ろに続け，It is＋形容詞＋to
＋動詞の原形 〜.の形で表す。　　　　↘名詞がくることもある

◎過去のことを言うときは，isではなく，＿＿＿＿＿＿ を使う。

◎「―にとって」と言うときは，〈to＋動詞の原形〉の前に，
＿＿＿＿＿＋人 を入れる。

教科書check!　　🖊自分の教科書に出ている It is … to 〜.の文を書こう。

● ＿＿＿＿＿＿＿＿＿＿＿＿＿＿＿＿＿＿＿＿＿＿＿＿＿＿＿

単語Check!
☐

🖊日本語の意味を表す英文を完成させよう。
☐

★歴史を学ぶことは興味深いです。

→（　　　　　　　） is interesting （　　　　　）（　　　　　　　） history.
☐

★この問題を解くことは難しかった。

→（　　　　　）（　　　　　　　） difficult （　　　　　） answer
this question.
☐

★この本を読むことは私には簡単です。

→It's easy （　　　　　　）（　　　　　　　） to read this book.

ミス注意!
「〜にとって」と言うとき，「人」を表す語が代名詞のときは，me, him, her などの目的格の形を使う。

🖊次の[　　]内の語句を並べかえて，日本文の意味を表す英文にしよう。

★お互いを理解することは大切です。

[to / each other / is / important / understand / it].

→ ＿＿＿＿＿＿＿＿＿＿＿＿＿＿＿＿＿＿＿＿＿＿＿

★あなたがたはくつを持ってくる必要はありません。

[necessary / it / to / for you / isn't / bring] your shoes.

→ ＿＿＿＿＿＿＿＿＿＿＿＿＿＿＿ your shoes.

how to ～などの文

□

□

□

I don't know **how to use** this machine.

（私はこの機械の**使い方**がわかりません。）

□

◉「～しかた」「～する方法」と言うときは ＿＿＿＿＿＿ のあとに
動詞の原形を続ける。

knowやtellなどの動詞のあとで
よく使われる

□

□

いろいろな〈疑問詞＋to〉

✎空所に適する英語を書こう。

I asked （　　　　　　　）（　　　　　　　　）（　　　　　　　　） next.
（私は次に何をすればよいかたずねました。）

Please tell me （　　　　　　）（　　　　　　）（　　　　　　）
a ticket.
（どこで切符を買えばよいか教えてください。）

I can't decide （　　　　　　）（　　　　　　）（　　　　　　　）.
（私はどちらを選べばよいか決められません。）

✎日本語の意味を表す英文を完成させよう。

★駅への行き方を教えてくれますか。

→Can you tell me （　　　　　　）（　　　　　　）（　　　　　　）

to the station?

道をたずねるときによく
使われる表現。

★私たちは彼女に何と言えばよいかわかりませんでした。

→ We didn't know （　　　　　）（　　　　　　）（　　　　　　） to her.

✎次の[　]内の語を並べかえて，日本文の意味を表す英文にしよう。

★泳ぎ方を教えて。Please [swim / teach / to / me / how].

→Please ＿＿＿＿＿＿＿＿＿＿＿＿＿＿＿＿＿＿＿＿.

★彼らはどこへ行けばよいかわかりませんでした。

[didn't / go / where / know / they / to].

→ ＿＿＿＿＿＿＿＿＿＿＿＿＿＿＿＿＿＿＿＿

19 動名詞

「〜すること」の意味を表す動詞のing形

> 動詞のing形も動詞の目的語になる。この動詞のing形を「動名詞」と呼ぶ。

I enjoyed talking with John.

（私はジョンとおしゃべりをするのを楽しみました。）

(1) 目的語になる動名詞

> 進行形で使った動詞のing形と形は同じ。→p.15

- ◎「〜すること」は，動詞のing形でも表せる。
- ◎「英語を勉強することが好きだ」は，like ＿＿＿＿＿ English。

動名詞を目的語にとるおもな動詞			
歌うのが楽しい	enjoy singing	泳ぐのが好きだ	like swimming
そうじを終える	finish cleaning	勉強し始める	start studying
雨が降りやむ	stop raining	話し始める	begin talking

> **詳しく!**
> 動名詞は，前置詞の目的語としても使われる。
> 「私はテニスをすることが得意です。」
> ○I'm good at playing tennis.
> 　　　　　　前置詞
> ×I'm good at play tennis.

教科書check!　📝自分の教科書に出ている動名詞の文を書こう。
- ●

📝日本文の意味を表す英文を完成させよう。

★彼はバスケットボールをするのが好きです。

→He（　　　　　）（　　　　　　　　　） basketball.

★あなたたちは音楽を聞いて楽しみましたか。

→Did you（　　　　　　）（　　　　　　　　　　） to music?

★私は車を洗い終わりました。

→I（　　　　　　）（　　　　　　　　　） the car.

単語Check!
- □
- □
- □

(2) 主語になる動名詞

- ◎「英語を使うことは大切です。」は動名詞を主語にして，

＿＿＿＿ English ＿＿＿＿ important. と表せる。

└動名詞の主語は3人称単数あつかい

- □
- □

| 目的語になる動名詞 | I like ⬚⬚⬚⬚⬚ books. | （私は本を読むのが好きです。） |

↳動名詞が動詞likeの目的語

| 文の主語になる動名詞 | ⬚⬚⬚⬚⬚ books is interesting. | （本を読むことはおもしろいです。） |

↳動名詞が文の主語

単語Check！ ☐

✎次の[　]内の語句を並べかえて，日本文の意味を表す英文にしよう。

★ 英語を勉強することは難しい。 ☐

[English / is / difficult / studying].

→ _____

★ 友達と話すことはとても楽しい。 ☐

[is / with / a lot of / friends / talking / fun].

→ _____ ☐

動名詞と〈to＋動詞の原形〉の使い分け

✎空所に適する英語を書こう。

目的語に動名詞をとるか，〈to＋動詞の原形〉をとるかは，動詞で決まる。

動名詞だけ		〈to＋動詞の原形〉だけ	
～して楽しむ	（　　　　）～ing	～したい	（　　　　）to ～
～し終える	（　　　　）～ing	～することを望む	（　　　　）to ～
～するのをやめる	（　　　　）～ing	～しようと決める	（　　　　）to ～

> 両方ともOKな動詞もある。
> 「～するのが好きだ」
> → like to ～, like ～ing
> 「～し始める」
> → start to ～, start ～ing
> → begin to ～, begin ～ing

✎次の日本文を英語になおそう。

★ 彼女はテレビを見るのをやめました。
かのじょ

→ _____

★ あなたはブラジルに行きたいですか。

→ _____

★ 私はこの本を読み終えました。

→ _____

> ミス注意！
> She stopped to watch TV.は
> 「彼女はテレビを見るために立ち
> 止まった。」という意味になる。

20 that の文

「〜と思う」の文

> このthatは「〜ということ」という意味で、that以下が動詞thinkの目的語になっている。

I think (that) he is kind.

（私は彼は親切だと思います。）

- 「私は〜と思います」は、＿＿＿＿＿＿＿＿〜＿＿。で表す。
- このthatは2つの文を結びつける接続詞で、よく省略される。

> 「あれ」という意味のthat（代名詞）とは使い方がちがう。

think (that) 〜の文

✎空所に適する英語を書こう。

単語Check!

✎教科書の新出単語とその意味を書こう。

☐

☐

☐

☐

☐

Ken （　　　　　）（　　　　　　　　） this book is easy.

（健は、この本はやさしいと思っています。）

I （　　　　　　）（　　　　　　　　） will rain tomorrow.

（私は、明日は雨が降ると思います。）

thatが省略されているよ。

教科書check! ✎自分の教科書に出ている接続詞thatの文を書こう。

- 　

> 接続詞のthatはあってもなくても意味は同じ。

✎日本文の意味を表す英文を完成させよう。

★ 私は、トムはすぐに来ると思います。

→（　　　）（　　　　　　）（　　　　　　） Tom will come soon.

★ サラは、田中先生はいい教師だと思っています。

→ Sarah （　　　　　）（　　　　　　） Mr. Tanaka is a good teacher.

★ 私たちは、彼は泳げると思います。

→（　　　）（　　　　　　）（　　　　） can swim.

> 「私たちは、彼は泳げないと思います。」は、ふつう、We don't think (that) he can swim. とする。We think (that) he can't swim. とはあまり言わない。

✏次の[ ]内の語を並べかえて，日本文の意味を表す英文にしよう。

★ 私は，彼女は中国語を上手に話せると思います。

[that / she / Chinese / think / speak / I / can / well].

→

★ 彼は，この映画はおもしろいと思っています。

[interesting / movie / he / is / thinks / this].

→

> **詳しく！**
>
> think が過去形のときは，that のあとの動詞もふつう過去形にする。
>
> I think that Beth is tired.
> ↓   ↓
> I thought that Beth was tired.
> (私は，ベスは疲れていると思いました。)

あとに接続詞 that が続く動詞

接続詞 that が続くおもな動詞など

✏空所に適する英語を書こう。

I ( ) ( )	he is fine.	私は，彼は元気だと思います。
I ( ) ( )		私は，彼は元気だと知っています。
I ( ) ( )		私は，彼は元気だといいなと思います。
They ( ) ( )		彼らは，彼は元気だと言っています。

✏日本文の意味を表す英文を完成させよう。

★ 私は，あなたに早く会えることを願っています。

→I (   ) (   ) can see you soon.

★ 彼女は，この問題はやさしいと言っています。

→She (   ) (   ) question is easy.

★ 私は，彼がこの町に住んでいることを知っています。

→I (   ) (   ) he lives in this town.

単語Check!

☐

☐

☐

✏次の日本文を英語になおそう。

★ あなたは，英語は簡単だと思いますか。

→

☐

☐

☐

21 whenの文

「～のとき」の文

□

I visited Sydney **when** I was a child.

（私は子ども**のとき**，シドニーを訪れました。）

□

□

(1) 接続詞whenの使い方

◎「～のとき」と言うときは，接続詞の　　　　　　　　　を使う。

◎「彼（かれ）が若かったとき」は　　　　　　　　　　　　　　　　　で，
　「私が彼に電話をかけたとき」は　　　　　　　　　　　　　　　で表す。

□

□

□

接続詞whenの文

He was a college student **when I met him.**
（私が彼に出会ったとき，彼は大学生でした。）

〈when ～〉の部分は，文の前半におくこともできる。その場合は，コンマで区切る。
・It was snowing when I got up.
・When I got up, it was snowing.　コンマ
（私が起きたとき，雪が降っていました。）

She was popular among boys **when she was young.**
（彼女（かのじょ）は若かったころ，男の子に人気がありました。）

上の2つめの文のコンマを忘れないで！

When I grow up, I want to be a singer.
（私は大人になったら，歌手になりたいです。）

 ミス注意！

「いつのことなのか」を表すwhen～の部分では，未来のことも現在形で表す。
「彼が帰宅したら，私は出かけます。」
×I'll go out when he will come home.
○I'll go out when he comes home.

教科書check!

✏自分の教科書に出ているwhen ～の文を書こう。

●

✎whenを使って，日本文の意味を表す英文を完成させよう。

単語Check!

★私は子どものころ，北海道に住んでいました。 ☐

→I lived in Hokkaido（　　　　　　）（　　　　　　） was a child.

★あなたがそこに着いたら，私に電話をしてください。 ☐

→Please call me（　　　　　　）（　　　　　　） get there.

★私が昨日ボブに会ったとき，彼は疲れているようでした。 ☐

→（　　　　　　）（　　　　　　）met Bob yesterday, he looked tired.

☐

✎次の[ ]内の語句を並べかえて，日本文の意味を表す英文にしよう。

★彼は大人になったら，医師になりたいと思っています。 ☐

He wants [grows up / to / a doctor / he / be / when].

→He wants _____ .

★父は10歳のとき，パリ (Paris) に行きました。

My father [to / when / was / Paris / went / he / ten].

→My father _____ .

(2) 過去進行形といっしょに使われるwhen

◉接続詞のwhenは，過去進行形の文の中でもよく使われる。

| 過去進行形の文 | I was cooking then. | （そのとき，私は料理をしていました。） |

| whenを使った
過去進行形の文 | I was cooking ☐ ☐ came. | (彼が来たとき，私は料理を
していました。) |

whenを使っていつのことかを説明する

3日間煮こんだよ

✎日本文の意味を表す英文を完成させよう。

★私が起きたとき，雨が降っていました。

→It was raining（　　　　　　） I got up.

★私が家に着いたとき，弟は眠っていました。

→My brother was sleeping（　　　　　　）（　　　　　　） got home.

★トムが電話をかけてきたとき，私はテレビを見ていました。

→I（　　　　　）（　　　　　　　　） TV（　　　　　　） Tom

called me.

22 if, because の文

「もし～ならば」の文

You can have lunch now **if** you are hungry.

（**もし**あなたが空腹**ならば**，今昼食を食べてもいいですよ。）

- ◉「もし～ならば」のように条件を言うときは，接続詞の ＿＿＿＿＿ を使う。
- ◉ if ～の部分は，文の後半だけでなく，文の前半におくこともできる。

> ifが文の最初に来る場合は，コンマを忘れずに！

You can eat this if you are hungry.
= If you are hungry, you can eat this.

（もしあなたが空腹ならば，これを食べてもいいですよ。）

単語Check!

☐

教科書check! 🖉自分の教科書に出ているifの文を書こう。

● ＿＿＿＿＿＿＿＿＿＿＿＿＿＿＿＿＿＿＿＿＿＿

☐

🖉日本文の意味を表す英文を完成させよう。

★もしあなたが眠いのなら，寝てもいいですよ。

→You can go to bed（   ）you are sleepy.

☐

★もし質問があれば，私に電話してください。

→（   ）（   ）have any questions, please call me.

🖉次の[ ]内の語を並べかえて，日本文の意味を表す英文にしよう。

★もしあなたが加藤先生を訪ねたら，彼女は喜ぶでしょう。

Ms. Kato will [happy / if / visit / her / you / be].

→Ms. Kato will ＿＿＿＿＿＿＿＿＿＿＿＿＿＿＿＿ .

★もし晴れたら，私は買い物に行きます。

I will [shopping / if / is / sunny / go / it].

→I will ＿＿＿＿＿＿＿＿＿＿＿＿＿＿＿＿ .

> **ミス注意!**
>
> 「もし～ならば」という条件を表すif ～の部分では，未来のことも現在形で表す。
>
> ✕ I won't go out if it will rain tomorrow.
>
> ◯ I won't go out if it rains tomorrow.
>
> （もし明日，雨が降ったら，私は出かけません。）

「〜だから」、「なぜなら〜」の文

I went to bed early **because** I was tired.

（私は疲れ（つか）ていた**ので**，早く寝ました。）

- ●「〜だから，〜なので」のように理由を言うときは，
  接続詞の ＿＿＿＿＿＿＿ を使う。
- ● Why 〜?（なぜ〜ですか）の問いに，「なぜなら〜」と理由を答える
  ときは ＿＿＿＿＿＿ のあとに〈主語＋動詞〜〉を続ける。

詳しく！

Why 〜?の問いに「〜するためです」と目的を答えるときは，To 〜.を使う。
→p.47

Because〜.を使った理由の答え方

🖋空所に適する英語を書こう。

Why do you study English so hard?
（あなたはなぜそんなに熱心に英語を勉強するのですか。）

—（　　　　　　　　） I want to be an astronaut.
（なぜなら，私は宇宙飛行士になりたいからです。）

単語Check！

□

🖋日本文の意味を表す英文を完成させよう。

★ 私は宿題がたくさんあるので忙（いそが）しいです。

→I'm busy（　　　　　　　　） I have a lot of homework.

□

★ なぜスミス先生は生徒に人気があるのですか。

— なぜならとても親切だからです。

→（　　　　　　　） is Mr. Smith popular among his students?

□

—（　　　　　　　） he is very kind.

□

🖋次の[ ]内の語句を並べかえて，日本文の意味を表す英文にしよう。

□

★ 私は道に迷ったので，遅刻（ちこく）しました。

I [was / because / got lost / late / I].

□

→I ＿＿＿＿＿＿＿＿＿＿＿＿＿ .

★ 雪が降ったので，電車が止まりました。

□

The train [because / it / stopped / snowed].

→ The train ＿＿＿＿＿＿＿＿＿＿＿ .

確認テスト③

●目標時間：30分　●100点満点　●答えは別冊21ページ

1 次の英文の[　]内から適する語句を選び，記号を○で囲みなさい。 〈5点×4〉

重要 (1) ビルは教師になるために熱心に勉強しました。

Bill studied hard [**ア** be　　**イ** being　　**ウ** to be] a teacher.

重要 (2) 私たちは，昨年の冬にスケートをして楽しみました。

We enjoyed [**ア** skate　　**イ** skating　　**ウ** to skate] last winter.

(3) 私は，リサが納豆を好きだと知っています。

I know [**ア** that　　**イ** when　　**ウ** because] Lisa likes *natto*.

(4) 彼らは歩くのをやめて，すわりました。

They stopped [**ア** walking　　**イ** to walk　　**ウ** walked] and sat down.

2 次の日本文に合うように，〔　〕に適する語を書きなさい。 〈5点×5〉

(1) あなたはギターのひき方を知っていますか。

Do you know 〔　　　　　〕〔　　　　　　　〕〔　　　　　　　〕 the guitar?

重要 (2) もし急がなければ，武史は学校に遅れるでしょう。

〔　　　　　　〕 Takeshi 〔　　　　　　〕 hurry, he'll be late for school.

重要 (3) 私は子どものころ，英語を習い始めました。

I 〔　　　　　〕〔　　　　　　　〕 learn English 〔　　　　　　〕 I was a child.

(4) サッカーをするのにどこかいい場所がありますか。

Are there any good 〔　　　　　〕〔　　　　　〕〔　　　　　　　〕 soccer?

(5) 私たちはその知らせを聞いてとても悲しいです。

We're very 〔　　　　　〕〔　　　　　　〕〔　　　　　　〕 the news.

3 次の各組の英文がほぼ同じ内容を表すように，〔　〕に適する語を書きなさい。 〈5点×2〉

(1) { My father was very busy, so he couldn't have lunch.

My father had no 〔　　　　　〕〔　　　　　〕〔　　　　　　　〕 lunch.

(2) { Sam visited Judy. She was sleeping then.

Judy was sleeping 〔　　　　　〕〔　　　　　〕〔　　　　　　　〕 her.

4 次の[　]内の語句を並べかえて，日本文の意味を表す英文を作りなさい。　〈5点×5〉

(1) あなたは何か書く物が必要ですか。

[need / you / write with / do / to / anything]?

〔　　　　　　　　　　　　　　　　　　　　　　　　　　　　　　　〕

(2) 私にとって英語を話すことは難しい。

[English / difficult / is / speak / for me / it / to].

〔　　　　　　　　　　　　　　　　　　　　　　　　　　　　　　　〕

重要 (3) 歌うことが好きなので，友里は歌手になりたがっています。

Yuri [singing / to / she / a singer / because / be / wants / likes].

Yuri 〔　　　　　　　　　　　　　　　　　　　　　　　　　　　　〕.

重要 (4) もし時間があれば，私に会いに来てください。

Please [you / come / if / see / time / have / to / me].

Please 〔　　　　　　　　　　　　　　　　　　　　　　　　　　〕.

(5) 明日は雨が降ると思いますか。

[tomorrow / think / it / that / you / will / do / rain]?

〔　　　　　　　　　　　　　　　　　　　　　　　　　　　　　　　〕

5 次の会話を読んで，あとの問題に答えなさい。　〈5点×4〉

Lisa: Did you enjoy ①(swim)?

Ken: Yes. I'm hungry.　②(何か食べる物を持っていますか。)

Lisa: Sorry, I don't.

Ken: I see. I'll go to that store to get some food.

Lisa: I want ③(eat) chocolate, Ken. Can you buy some?

Ken: OK.

(1) ①，③の(　)内の動詞を適する形にかえなさい。ただし，2語の場合もあります。

①〔　　　　　　　〕　③〔　　　　　　　〕

(2) ②の(　)内の日本文を英文にしなさい。

〔　　　　　　　　　　　　　　　　　　　　　　　　　　　　　　　〕

(3) 次の質問に英語で答えなさい。

Why will Ken go to the store?

〔　　　　　　　　　　　　　　　　　　　　　　　　　　　　　　　〕

No.

23 比較級(より〜)・最上級(いちばん〜)の文 ①

2つのものを比べる文・3つ以上のものを比べる文

単語Check!

🖊教科書の新出単語と
　その意味を書こう。

□
□
□
□
□
□

I am **taller than** Ann. （私はアンよりも背が高いです。）

Mike is **the tallest** in his class.

（マイクはクラスの中で**いちばん背が高い**です。）

---

(1) 比較級・最上級の作り方　🖊次の語の比較級と最上級を書こう。

● **ふつうの語** ➡ 形容詞や副詞の最後に，比較級は ＿＿＿＿＿ を，

最上級は ＿＿＿＿＿ をつける。

原級 もとの形	比較級	最上級
small（小さい）	―（　　　　）	―（　　　　）
long（長い，長く）	―（　　　　）	―（　　　　）
fast（速く，速い）	―（　　　　）	―（　　　　）
マイ単語（　　　）	―（　　　　）	―（　　　　）

● **eで終わる語** ➡ 比較級は ＿＿＿＿＿ ，最上級は ＿＿＿＿＿ をつける。

large（大きい）	―（　　　　）	―（　　　　）
nice（すてきな）	―（　　　　）	―（　　　　）
マイ単語（　　　）	―（　　　　）	―（　　　　）

● **yで終わる語** ➡ yをiに変えてer, estをつける。

busy（忙しい）	―（　　　　）	―（　　　　）
easy（簡単な）	―（　　　　）	―（　　　　）
マイ単語（　　　）	―（　　　　）	―（　　　　）

詳しく!

er, estをつけず，不規則
に変化する語もある。
・many（多数の）
　― more ― most
・much（多量の）
　― more ― most
・good（よい）
　― better ― best
・well（よく，上手に）
　― better ― best
better, bestについてはp.70
も参照しよう。

● **big や hot など** ➡ 最後の1文字を重ねてer, estをつける。

big（大きい）	―（　　　　）	―（　　　　）
hot（暑い，熱い）	―（　　　　）	―（　　　　）

(2) 比較級の文

● 「…よりも〜」は，〈比較級＋ ＿＿＿＿＿ …〉で表す。

His cake is bigger than mine.

（彼のケーキは私のものよりも大きい。）

比べる相手や物を，than
のあとに続ける。

64

教科書check! 　✏自分の教科書に出ているerのついた比較級の文を書こう。

    ●

> 同じ名詞のくり返しをさけるために、代名詞のone（もの）が使われる。

✏（　　）内の語を比較級にして、日本文の意味を表す英文を完成させよう。

★ あなたの自転車はあの自転車よりも新しいです。 （ new ）

→Your bike is （　　　　　　）（　　　　　　　　） that one.

★ ヘンリーは私の弟よりも年上です。 （ old ）

→Henry is （　　　　　　）（　　　　　　　） my brother.

★ リサは彩よりも早く寝ます。 （ early ）

→Lisa goes to bed （　　　　　　）（　　　　　　　） Aya.

> 最上級はtheとセットで使う。ただし、副詞の最上級にはtheをつけないこともある。

(3) 最上級の文

○「…の中でいちばん～」は最上級の前に　　　　　　　　をつけて、

〈 the 最上級 ＋ of [in] …〉で表す。

Bill is the tallest of the four. 　(ビルは４人の中でいちばん背が高いです。)

> ★ofとinの使い分け
> of…複数を表す語句
> 　of the five
> 　（５つの中で）
> 　of us（私たちの中で）
> 　of all（全部の中で）
> in…場所や範囲を表す語句
> 　in Japan（日本の中で）
> 　in my family
> 　（私の家族の中で）

教科書check! 　✏自分の教科書に出ているestのついた最上級の文を書こう。

    ●

単語Check!

□

✏（　　）内の語を最上級にして、日本文の意味を表す英文を完成させよう。

★ この橋は３つの中でいちばん長いです。 （ long ）　　　　　　□

→This bridge is （　　　　　）（　　　　　　　　） of the three.

★ ケイトは私たちのクラスでいちばん熱心に勉強します。 （ hard ）　□

→Kate studies （　　　　　）（　　　　　　）（　　　　　） our

class.　　　　　　　　　　　　　　　　　　　　　　　　　　□

★ このコンピューターは全部の中でいちばんよい。 （ good ）

→This computer is （　　　　　）（　　　　　　）（　　　　　） all. 　□

24 比較級(より〜)・最上級(いちばん〜)の文 ②

more, mostを使った比較級と最上級

This question is **more difficult than** that one.

(この問題はあの問題**よりも難しい**。)

This book is **the most popular** in my class.

(この本は私のクラスで**いちばん人気があります**。)

(1) more, mostをつける語

- 比較的つづりの長い語の場合は, 比較級は前に ＿＿＿＿＿＿ を,

  最上級は前に ＿＿＿＿＿＿ をつける。

- 「より難しい」は ＿＿＿＿＿＿＿＿＿ で,

  「いちばん難しい」は ＿＿＿＿＿＿＿＿＿＿ で表す。

✎ more, mostを使って, 次の語の比較級と最上級を書こう。

原級	比較級	最上級
famous (有名な)	―( )	―( )
popular (人気のある)	―( )	―( )
exciting (わくわくさせる)	―( )	―( )
slowly (ゆっくりと)	―( )	―( )
quickly (すばやく)	―( )	―( )
マイ単語 ( )	―( )	―( )
マイ単語 ( )	―( )	―( )

> **詳しく!**
> -ful, -ing, -ous, -ive で終わる語は, more, mostの形になるものが多い。
> ・wonderful, beautiful
> ・interesting, exciting
> ・famous, dangerous
> ・expensive　　　　　など

> **ミス注意!**
> er, estの形に変化する語に more, mostはつけない!
> ○I am <u>older</u> than Emi.
> ×I am <u>more older</u> than Emi.

(2) more 〜の文

- 「…よりも有名だ」は ＿＿＿＿＿＿ … で表す。

This jacket is more expensive than that one.

(この上着はあの上着よりも高価です。)

Tom runs more slowly than Mike.

(トムはマイクより走るのが遅い。)

単語Check!

教科書check! ✐自分の教科書に出ている more のついた比較級の文を書こう。

● [　　　　　　　　　　　　　　　　　　　　　　　　　　　]

☐

☐

✐日本文の意味を表す英文を完成させよう。

★ 私は数学は英語よりも難しいと思います。

→ I think math is (　　　　　　) difficult (　　　　　　) English.

☐

★ この町では，野球よりもテニスのほうが人気があります。

→ In this town, tennis is (　　　　　) (　　　　　) than baseball.

☐

★ 彼女は香織よりもゆっくり話します。

→ She speaks (　　　　　) (　　　　　) (　　　　　) Kaori.

☐

(3) most ～の文

◉「…の中でいちばん有名だ」は，＿＿＿＿＿＿＿＿＿＿＿＿

のあとに of [in] … を続けて表す。

He was the most famous singer

in Japan at that time.

(彼はその当時，日本でいちばん有名な歌手)
(でした。)

> most の前に，the を入れるのを忘れないこと。

教科書check! ✐自分の教科書に出ている most のついた最上級の文を書こう。

● [　　　　　　　　　　　　　　　　　　　　　　　　　　　]

✐次の[　]内の語句を並べかえて，日本文の意味を表す英文にしよう。

★ これはすべての中でいちばん高価な絵です。

This is [of / expensive / all / the most / picture].

→ This is ＿＿＿＿＿＿＿＿＿＿＿＿＿＿＿＿ .

★ 姉は家族の中でいちばんゆっくり歩きます。

[my / the most / in / sister / slowly / walks] my family.

→ ＿＿＿＿＿＿＿＿＿＿＿＿＿＿＿＿

my family.

25 比較級・最上級の疑問文

「どちらのほうがより～ですか」の文

Which is higher, Mt. Takao or Mt. Aso?

（高尾山と阿蘇山では，どちらのほうが高いですか。）

詳しく！

「人」について，「どちらのほうが
より～ですか」とたずねるとき
は，ふつうWhoを使う。

「アントムでは，どちらのほう
が背が高いですか。」
Who is taller, Ann or Tom?

- 「AとBでは，どちらのほうがより～ですか」とたずねるときは，
  比較級を使う。

- 「AとBでは，どちらのほうが古いですか。」なら，

  _____ is _____ , A _____ B?でたずねる。

  　　　　　　　　比較級

- つづりの長い語はmoreを用いた比較級を使って，

  _____ is _____ expensive, A _____ B?

  （AとBではどちらのほうが高価ですか。）のようにたずねる。

Which is taller, this building or that one?

（このビルとあのビルではどちらのほうが高いですか。）

単語Check!

□

🖊日本文の意味を表す英文を完成させよう。

★カナダと中国では，どちらのほうが広いですか。

　→(　　　　　) is (　　　　　　), Canada or China?

□

★この本とあの本では，どちらのほうがおもしろいですか。

　→(　　　　　) is (　　　　) (　　　　　　　　　)，

　this book or that one?

□

★健太とエミリーでは，どちらのほうが年上ですか。— 健太です。

　→(　　　　　) is (　　　　　)，Kenta or Emily?

□

　— Kenta (　　　　　).

□

★あなたと美穂では，どちらのほうが速く走りますか。

　— 美穂です。

□

　→(　　　　)(　　　　　)(　　　　　　), you or Miho?

　— Miho (　　　　　).

□

「どれがいちばん～ですか」の文

Which is the newest computer of all?

（全部の中で，**どれがいちばん新しいコンピューター**ですか。）

- ◎「どれがいちばん～ですか」とたずねるときは，最上級を使う。
- ◎「…の中でどれがいちばん古いですか。」なら，

  ＿＿＿＿ is ＿＿＿＿＿＿＿ of [in] …? でたずねる。
  <small>最上級の前に the をつける</small>

- ◎つづりの長い語は most を用いた最上級を使って

  ＿＿＿＿ is ＿＿＿＿＿＿＿ expensive of [in] …?

  （…の中でどれがいちばん高価ですか。）のようにたずねる。

Which is the oldest book of the three?

（3冊の中でどれがいちばん古い本ですか。）

✐日本文の意味を表す英文を完成させよう。

★ 3匹<small>びき</small>の中で，どれがいちばん大きい犬ですか。

→（　　　　　）is（　　　　　）（　　　　　）dog of

the three?

★ 日本では，どの川がいちばん長いですか。

― 信濃川<small>しなの</small>です。

→ Which river is（　　　　　）（　　　　　）in Japan?

―　＿＿＿＿＿＿＿＿＿＿＿＿＿＿＿＿＿

✐次の[　]内の語句を並べかえて，日本文の意味を表す英文にしよう。

★ 3冊の中でいちばんおもしろい本はどれですか。

[the most / is / of / which / interesting book / the three]?

→　＿＿＿＿＿＿＿＿＿＿＿＿＿＿＿＿＿

詳しく!

「人」について，「だれがいちばん～ですか」とたずねるときは，ふつう Who を使う。

「あなたのクラスの中でだれがいちばん背が高いですか。― 明です。」
Who is the tallest in your class?
― Akira is.

単語Check!

☐

☐

☐

☐

☐

Which のあとに名詞をおいて，Which ○○ is ～?（どの○○が～ですか）とたずねることもできる。

26 like ～ better / like ～ the best / as ～ as …の文

「～のほうが好き」「～がいちばん好き」の文

I like English **better than** science.

（私は理科**よりも**英語**が好きです。**）

I like soccer **the best** of all sports.

（私はすべてのスポーツの中でサッカー**がいちばん好きです。**）

◉ 「BよりもAのほうが好きだ」は，like A _____ B，

「Aがいちばん好きだ」は，like A _____ で表す。

「どちらのほうが好きですか」などの文

Which do you **like better**, English **or** math?

（あなたは，英語と数学ではどちらのほうが好きですか。）

Which season do you **like the best**?

（あなたは，どの季節がいちばん好きですか。）

ミス注意!
日本語につられて，AとBの順序
を逆にしないようにしよう。より
好きなほうを先に言う。
「青よりも赤が好き」
×I like blue better than red.
○I like red better than
blue.

◉ 「AとBではどちらのほうが好きですか」は，

_____ do you _____ , A _____ B? で，

「どの～がいちばん好きですか」は，

_____ ～ do you _____ ? でたずねる。

詳しく!
決まった選択肢がないとき
は，Whichの代わりに
What を使ってたずねる。

What sport do you like
the best?
（あなたは何のスポーツがい
ちばん好きですか。）

🖊日本文の意味を表す英文を完成させよう。

★ 私はすべての季節の中で冬がいちばん好きです。

→I (_____) winter the (_____) of all the seasons.

★ サムはサッカーよりも野球のほうが好きです。

→ Sam (_____) baseball (_____) (_____) soccer.

★ あなたはどの教科がいちばん好きですか。

→ Which subject do you (_____) (_____) (_____)?

as ～ as … の文

Judy is **as** tall **as** her mother.

（ジュディーは母親**と同じくらい**の背の高さです。）

> ミス注意!
> asとasの間に入るのは、原級！ ～er、～estの形にしないこと。

◎「…と同じくらい～だ」のように程度が同じくらいであることを言う
　ときは、as ～ as …の形を使う。

◎「…と同じくらいの年齢（ねんれい）だ」は、　　　　　　　　　　…で表す。

Mr. Sato is as old as my father.　　　　I'm as old as Emma.

（佐藤さんは私の父と同じくらいの年齢です。）　　（私はエマと同じくらいの年齢です。）

> 若い人どうしでも、「同じくらいの年齢」という意味では、youngではなく、oldを使う。

単語Check!

□

教科書Check!　　✎自分の教科書に出ているas ～ as …の文を書こう。

●

□

✎日本文の意味を表す英文を完成させよう。

★この橋はあの橋と同じくらいの長さです。

　→ This bridge is（　　　　　）（　　　　　）（　　　　　　）that one.

★アンは母親と同じくらい早く起きます。

　→ Ann gets up（　　　　　）（　　　　　）（　　　　　　）her mother.

★この本は、あの本ほどおもしろくありません。

　→ This book isn't（　　　　）（　　　　　　　）（　　　　　）that one.

> 詳しく!
> not as ～ as …は、「…ほど～ではない」という意味になる。

□

✎次の[　]内の語句を並べかえて、日本文の意味を表す英文にしよう。

★彼（かれ）はサムと同じくらい速く泳げます。

　[as / Sam / he / can / fast / as / swim].

　→ _____

★東京は北海道ほど寒くありません。

　[is / as / as cold / not / Hokkaido / Tokyo].

　→ _____

27 「〜される」の文

受け身の文

English **is** **used** in many countries.

（英語は多くの国で**使われています**。）

(1) 受け身の文の形

- ◉ 「〜される」という受け身の文は、be動詞のあとに過去分詞を続ける。
- ◉ 「彼によって」のように動作をする人をはっきりさせるときは、

_____ で表す。

└ 代名詞のときは目的格にする

受け身と能動態 ✐空所に適する英語を書こう。

「〜する」の文（能動態）
I （　　　　　） this bike every day.
私はこの自転車を毎日使います。

「〜される」の文（受け身）
This bike （　　　　　）（　　　　　） every day.
この自転車は毎日使われます。

→ 「この自転車」を使う「私」が主語

→ 「私」に使われる「この自転車」が主語

教科書check! ✐自分の教科書に出ている受け身の文を書こう。

●

★ 現在の受け身の文の形

主語	be動詞	過去分詞
I	am	
3人称単数	is	〜edなど
Youや複数	are	

✐日本文の意味を表す英文を完成させよう。

★ この公園は毎日そうじされます。

→ This park （　　　　　）（　　　　　） every day.

★ 東京は多くの人に訪問されます。

→ Tokyo （　　　　　）（　　　　　） by a lot of people.

★ これらのお皿は私の弟によって洗われます。

→ These dishes （　　　　　）（　　　　　）（　　　　　） my
brother.

受け身の文のbe動詞は主語に合わせる。

(2) 過去分詞

- ◉ 規則動詞の場合は，過去形と同じ形。
- ◉ 不規則動詞の場合でも，多くは過去形と形が同じ。

> 過去分詞は，動詞の変化形の1つ。受け身の文や現在完了形（→p.78）などで使われる。

✎次の動詞の過去分詞を書こう。

原形	過去形・過去分詞	原形	過去形・過去分詞
build（建てる）	→（　　　　）	make（作る）	→（　　　　）
read（読む）	→（　　　　）	catch（捕まえる）	→（　　　　）
マイ単語（　　　　）		マイ単語（　　　　）	

- ◉ 過去形と形が異なる不規則動詞に注意。

単語Check!

□

原形	過去分詞	原形	過去分詞
speak（話す）	→（　　　　）	eat（食べる）	→（　　　　）
過去形は spoke		過去形は ate	
write（書く）	→（　　　　）	take（取る）	→（　　　　）
過去形は wrote		過去形は took	
know（知っている）	→（　　　　）	do（する）	→（　　　　）
過去形は knew		過去形は did	
マイ単語（　　　　）		マイ単語（　　　　）	

□

□

□

✎日本文の意味を表す英文を完成させよう。

□

★ この手紙は英語で書かれています。

→ This letter（　　　　）（　　　　　　　） in English.

★ 彼の本は多くの人に読まれています。

→ His books（　　　　）（　　　　）（　　　　　） many people.

過去の受け身の文

- ◉「～された」という過去の受け身の文は，

  主語が I や 3 人称単数なら ＿＿＿＿＿＿＿＿，

  主語が You や複数なら ＿＿＿＿＿＿＿ のあとに過去分詞を続ける。

> 詳しく！
>
> 受け身の文で助動詞が使われるときは，〈助動詞＋be＋過去分詞〉の形になる。
>
> 「この国ではたくさんの野生動物が見られます。」
> Many wild animals can be seen in this country.

✎日本文の意味を表す英文を完成させよう。

★ この家は 2000 年に建てられました。

→ This house（　　　　）（　　　　　） in 2000.

★ あれらの写真は優子によって撮られました。

→ Those pictures（　　　　）（　　　　）（　　　　　） Yuko.

28 「～されません」「～されますか」などの文

受け身の否定文

☐

☐

Japanese **is not used** in this class.

（この授業では，日本語は**使われません**。）

☐

◎受け身の否定文は，be動詞のあとにnotを入れる。

↳ふつうのbe動詞の否定文と同じ！

◎be動詞は，現在の文ならam, is, areを，過去の文ならwas, were

を主語によって使い分ける。

☐

This picture was not painted by Picasso.

（この絵はピカソによって描かれたものではありません。）

★ 現在の受け身の否定文の形

主語	be動詞+not	過去分詞
I	am not	~ed など
3人称単数	isn't	
Youや複数	aren't	

✐日本文の意味を表す英文を完成させよう。

★これらの写真はパリで撮られたのではありません。

→ These pictures （　　　　　）（　　　　　）（　　　　　） in Paris.

★これらの動物はあの国では見られません。

→ These animals （　　　　　）（　　　　　） in that country.

★彼女の車は昨日，洗われませんでした。

→ Her car （　　　　　）（　　　　　） yesterday.

★ 過去の受け身の否定文の形

主語	be動詞+not	過去分詞
I	wasn't	~ed など
3人称単数		
Youや複数	weren't	

受け身の疑問文と答え方

Is English **spoken** in this country?

（この国では，英語は**話されています**か。）

— Yes, it **is**. / No, it **isn't**.

（はい，話されています。／いいえ，話されていません。）

◎受け身の疑問文は，be動詞で文を始める。

◎答えるときもbe動詞を使う。

ふつうの文　This book was written by Ann.　（この本はアンによって書かれました。）

疑問文　　　□□□ this book □□□ by Ann?　（この本はアンによって書かれたのですか。）
be動詞は主語の前に　　過去分詞はそのまま

be動詞の疑問文と受け身の疑問文

be動詞の疑問文　Is this song famous?
（この歌は有名ですか。）

受け身の疑問文　Is this song loved by many people?
（この歌は多くの人に愛されていますか。）

> be動詞の疑問文と作り方は同じ！

次の英文を疑問文に書きかえよう。　　**単語Check!**

★ This shop is closed on Sundays.
→ _____ □
（この店は，日曜日は閉まっていますか。）

★ Chinese is taught at your school.
→ _____ □
（あなたの学校では，中国語は教えられていますか。）

★ These dolls were made by Emma.
→ _____ □
（これらの人形はエマが作ったのですか。）

日本文の意味を表す英文を完成させよう。

★この本は彼（かれ）によって書かれたのですか。
— いいえ，ちがいます。
→（　　　）this book（　　　）（　　　）him?
— No,（　　　）（　　　）.

★オーストラリアでは何語が話されていますか。
— 英語です。
→ What language（　　　）（　　　）in Australia?
— English（　　　）.

> **ミス注意！**
> 受け身の疑問文や否定文では，do, does, didは使わない。

75

確認テスト④

/100

●目標時間：３０分　●１００点満点　●答えは別冊 22 ページ

1 次の英文の［　］内から適する語句を選び，記号を○で囲みなさい。　〈3点×5〉

(1) This bike is ［ ア older 　 イ old 　 ウ the oldest ］ of the three.

(2) Is Yumi younger ［ ア in 　 イ than 　 ウ that ］ you?

(3) This book was ［ ア writing 　 イ written 　 ウ wrote ］ by Natsume Soseki.

重要 (4) I think *sumo* is ［ ア more 　 イ most 　 ウ better ］ popular than *kendo*.

(5) John can run as ［ ア fast 　 イ faster 　 ウ fast as ］ Kenta.

2 右の（　）内の語を適する形にかえて，〔　］に書きなさい。　〈4点×5〉

重要 (1) Bill thinks math is 〔　　　　　　　　　〕 than Japanese. 　(easy)

(2) He is the 〔　　　　　　〕〔　　　　　　　　　〕 artist in Japan. 　(famous)

重要 (3) Jill is the 〔　　　　　　　〕 pianist in our town. 　(good)

(4) Chess is 〔　　　　　　　〕 in many countries. 　(play)

(5) Chinese is 〔　　　　　　　　〕 here. 　(speak)

3 次の日本文に合うように，〔　］に適する語を書きなさい。　〈4点×6〉

(1) 千絵は彼女(かのじょ)たちの中でいちばん早く学校へ来ます。

　　Chie comes to school 〔　　　　　　　〕〔　　　　　　　　〕〔　　　　　　　　〕 them.

(2) このホテルはあのホテルと同じくらい新しいです。

　　This hotel is 〔　　　　　　〕〔　　　　　　　〕〔　　　　　　　　〕 that one.

(3) 私はりんごよりもオレンジのほうが好きです。

　　I 〔　　　　　　　〕 oranges 〔　　　　　　　　〕〔　　　　　　　　〕 apples.

重要 (4) ブラウン先生と伊藤先生とではどちらのほうが背が高いですか。

　　Who is 〔　　　　　　　　〕, Mr. Brown 〔　　　　　　　　〕 Mr. Ito?

(5) この歌は多くの人に愛されています。

　　This song 〔　　　　　　　〕〔　　　　　　　〕〔　　　　　　　　〕 many people.

(6) この車は毎日使われていますか。 ー いいえ，使われていません。

　　〔　　　　　　　〕 this car 〔　　　　　　　〕 every day? ー No, it 〔　　　　　　　　〕.

4 次の英文を[　　]内の指示にしたがって書きかえなさい。　　　　　　　　　　〈4点×2〉

(1) I get up early. [「私の父親と同じくらい」という意味をつけ加えて]

〔　　　　　　　　　　　　　　　　　　　　　　　　　　　　　　　　　　　　〕

(2) This sweater is made in France. [否定文に]

〔　　　　　　　　　　　　　　　　　　　　　　　　　　　　　　　　　　　　〕

5 次の[　　]内の語句を並べかえて，日本文の意味を表す英文を作りなさい。　〈6点×4〉

重要 (1) この映画はあの映画よりもおもしろいです。

[this movie / that one / interesting / than / is / more].

〔　　　　　　　　　　　　　　　　　　　　　　　　　　　　　　　　　　　　〕

(2) あなたはどの教科がいちばん好きですか。

[best / subject / like / do / the / you / which]?

〔　　　　　　　　　　　　　　　　　　　　　　　　　　　　　　　　　　　　〕

重要 (3) この袋は水を運ぶために使われています。

[is / carry / bag / used / to / water / this].

〔　　　　　　　　　　　　　　　　　　　　　　　　　　　　　　　　　　　　〕

(4) この時計はあの時計ほど人気がありません。

[as / this watch / as / isn't / that one / popular].

〔　　　　　　　　　　　　　　　　　　　　　　　　　　　　　　　　　　　　〕

6 右の絵を見て，次の問いに答えなさい。　　　　　　　　　　　　　　　　　　〈3点×3〉

(1) Is Lisa taller than Bob?（3語で）

—〔　　　　　　　　　　　　　　〕

(2) Is Jack older than Lisa?（3語で）

—〔　　　　　　　　　　　　　　〕

(3) Who is the youngest of the three?（2語で）

—〔　　　　　　　　　　　　　　〕

Lisa　　Bob　　Jack

（19歳）　（16歳）　（17歳）

No.

29 「ずっと～している」（継続）

現在完了形の文

(1) 過去形と現在完了形

◎ 過去のことを言うときは動詞の過去形を使うが，過去からつながっ

ている現在の状態を言うときは現在完了形を使う。

◎ 現在完了形は ＿＿＿＿＿＿＿ ＋ 過去分詞 ＿＿＿＿ の形。

> 過去分詞は動詞の変化形の1つ。→p.73

└ 主語が3人称単数のときはhasを使う

過去形と現在完了形　✏空所に適する英語を書こう。

I (　　　　　) here for two years.
（私はここに2年間住んでいました。）

I (　　　　　)(　　　　　) here for two years.
（私はここに2年間ずっと住んでいます。）

→ 過去に住んでいたという事実を表す。

→ 現在も住んでいるということを表す。

(2)「継続」を表す現在完了形の文と「継続」の否定文

I have lived in the U.S. for ten years.

（私はアメリカに10年間住んでいます。）

I have not seen her since last year.

（私は昨年からずっと彼女に会っていません。）

◎「(今まで)ずっと～している」と言うときは，＿＿＿＿＿＿＿ または

＿＿＿＿＿＿＿ のあとに過去分詞を続ける。

└ 主語が3人称単数のとき

> **詳しく!**
> 現在完了形は，過去のある時点で始まった状態が現在まで継続していることを表す。

◎ 続いている期間の長さは ＿＿＿＿＿＿ で表す。「～の間」の意味。

◎ 始まった時期は ＿＿＿＿＿＿ で表す。「～以来，～から」の意味。

◎ 否定文はhave, hasのあとに ＿＿＿＿＿＿ を入れる。

> have not の短縮形は haven't, has not は hasn't となる。

教科書Check!   ✐自分の教科書に出ている現在完了形(継続)の文を書こう。

☐

☐

✐日本文の意味を表す英文を完成させよう。

★ 私は先週からずっと忙しい。

→I (　　　　　) (　　　　　　) busy (　　　　　) last week.

☐

★ 彼は長い間この自転車をほしがっています。

→He (　　　　　) (　　　　　　) this bike (　　　　　)

　a long time.

☐

> am, are, isの過去分詞はbeen。

★ 私は6年間英語を勉強しています。

→(　　　　　) (　　　　　　) English (　　　　) six years.

詳しく!

★ 私は昨日からずっと何も食べていません。

→I (　　　　　) (　　　　　) (　　　　　　) anything

　since yesterday.

> I haveはI've, You haveはYou've, We haveはWe'veのような短縮形もよく使われる。

「継続」の疑問文と答え方

Have you practiced the piano for a long time?

(あなたはピアノを長い間**練習している**のですか。)

— Yes, I have. ／ No, I haven't.

(はい，しています。／いいえ，していません。)

● 疑問文は，Have, Has で文を始める。

● 答え方…Yes, 〜 have[has]. または No, 〜 haven't[hasn't].

詳しく!

> 続いている期間の長さについて「どのくらい長く〜していますか」とたずねるときは, How longを使う。

✐日本文の意味を表す英文を完成させよう。

★ 彼女は5年間ここに住んでいるのですか。—いいえ。

→(　　　　　) she (　　　　　) here for five years?

　— No, (　　　　　) (　　　　　).

> 「あなたはどのくらい英語を勉強していますか。」
> How long have you studied English?

30 「〜したことがある」（経験）

「経験」を表す現在完了形

I have heard the music before.

（私はその音楽を以前，聞いたことがあります。）

● 「（今までに）〜したことがある」と言うときは，

_____ ＋過去分詞 の形を使う。

主語が3人称単数のときはhasを使う

● 「〜へ行ったことがある」と言うときは，ふつうbe動詞の過去分詞

been を使って， _____ 〜 _____ で表す。

主語が3人称単数のときはhasを使う

> **詳しく！**
> 現在完了形は，過去から現在までにあることをしたことがあるという経験も表す。

経験を表す文

✎空所に適する英語を書こう。

I ( ) this book yesterday.
（私は昨日この本を読みました。）

I ( ) ( ) the book three times.
（私は3回その本を読んだことがあります。）

● **教科書check!** ✎自分の教科書に出ている現在完了形（経験）の文を書こう。

> ★「経験」の文でよく使われる語句
> ・before（以前）
> ・once（1回）
> ・twice（2回）
> ・three times（3回）
> →「3回」以上は times を使う。

✎日本文の意味を表す英文を完成させよう。

★私は以前この鳥を見たことがあります。

→I ( ) ( ) this bird ( ).

★美香は富士山に登ったことが1度あります。

→Mika ( ) ( ) Mt. Fuji ( ).

★彼は奈良に何回も行ったことがあります。

→He ( ) ( ) ( ) Nara many

times.

> **ミス注意！**
> MikaやHeは3人称単数の主語。have ではなく has。

「経験」の否定文

I have never watched that movie.

（私はその映画を1度も見たことがありません。）

○「1度も〜ない」と言うときは，notのかわりに

＿＿＿＿を使う。

✎日本文の意味を表す英文を完成させよう。

★私は1度もサッカーをしたことがありません。

→I（　　　　　）（　　　　　　　　）（　　　　　　　　）soccer.

★健は1度も沖縄に行ったことがありません。

→Ken（　　　　　）（　　　　　　　　）（　　　　　　　　）to Okinawa.

> ミス注意！
> neverを使った否定文では，not は使わない。

「経験」の疑問文と答え方

Have you ever been to Australia?

（あなたは**今までに**オーストラリア**へ行ったことがありますか**。）

— Yes, I have. ／ No, I haven't.

（はい，あります。／いいえ，ありません。）

○疑問文は，Have または Has で文を始める。

○「今までに（〜したことがありますか）」とたずねるときは

＿＿＿＿＿＿＿を使う。

○答え方…Yes, 〜 have[has]. または No, 〜 haven't[hasn't].

✎日本文の意味を表す英文を完成させよう。

> everは「今までに」とい う意味だよ。

★あなたは今までに海を見たことがありますか。―はい。

→（　　　　　）you（　　　　　）（　　　　　　　）the sea?

　― Yes, I（　　　　　　　）.

★彼は今までにさしみを食べたことがありますか。―いいえ。

→（　　　　　）he（　　　　　）（　　　　　　　　）sashimi?

　― No,（　　　　　）（　　　　　　　）.

> eatの過去分詞は eaten。

81

31 「～したところだ」（完了）

「完了」を表す現在完了形

単語Check!

☐

☐

☐

> # I have just finished my homework.
> （私はちょうど宿題を終えたところです。）

☐

- ◎「もう～してしまった」「ちょうど～したところだ」と言うときは，

  _____ ＋過去分詞 _____ の形を使う。

  └ 主語が3人称単数のときはhasを使う

☐

- ◎この用法では，「ちょうど」の意味の _____ や，「すでに，もう」

  の意味の _____ がよく使われる。

 詳しく！
現在完了形は，過去に始まった動作や状態が現在は完了しているということも表す。

完了の文でよく使う語

✐空所に適する英語を書こう。

The game has (　　　　　) started.
（試合はちょうど始まったところです。）

The game has (　　　　　) finished.
（試合はもう終わってしまいました。）

教科書check!

✐自分の教科書に出ている現在完了形（完了）の文を書こう。

●

✐日本文の意味を表す英文を完成させよう。

★私たちはすでにそのニュースを聞きました。

→We (　　　　　)(　　　　　)(　　　　　　　　) the news.

★私の母はちょうど家を出ていったところです。

→My mother (　　　　　)(　　　　　)(　　　　　　　) home.

★私はちょうど手を洗ったところです。

→(　　　　　)(　　　　　)(　　　　　　　) my hands.

「完了」の否定文

I have not eaten lunch yet.

（私は**まだ**昼食を**食べていません**。）

● 否定文は，have または has のあとに ＿＿＿＿＿ を入れる。

● 「まだ（～していない）」と言うときは，＿＿＿＿＿ を使う。

✐日本文の意味を表す英文を完成させよう。

★ 彼（かれ）らはまだ動物園に着いていません。

→ They （　　　　　）（　　　　　）（　　　　　） at the zoo yet.

★ 真央はまだここに来ていません。

→ Mao （　　　　　）（　　　　　） here （　　　　　）.

> yetは，文の最後につけるよ。

「完了」の疑問文と答え方

Have you watched the movie yet?

（あなたは**もう**その映画を**見ましたか**。）

— Yes, I have. ／ No, not yet.

（はい，見ました。／いいえ，まだです。）

● 疑問文は，Have または Has で文を始める。

● 「もう（～しましたか）」とたずねるときは，＿＿＿＿＿ を使う。

● 「はい」なら Yes, ～ have[has]. と答える。「いいえ，まだです。」と
答えるときは，＿＿＿＿＿＿＿＿＿＿ と言う。

> **ミス注意!**
> 「もう～しましたか」とたずねる
> ときは，yetを使うことに注意。
> alreadyはふつう肯定文（こうていぶん）で使う。

✐日本文の意味を表す英文を完成させよう。

★ 彼女（かのじょ）はもう手紙を書きましたか。―はい。

→（　　　　　） she （　　　　　） a letter （　　　　　）?

　― Yes, she （　　　　　）.

★ あなたはもう部屋をそうじしましたか。―いいえ，まだです。

→（　　　　　） you （　　　　　） your room （　　　　　）?

　― No, （　　　　　）（　　　　　）.

確認テスト⑤

/100

●目標時間：３０分　●１００点満点　●答えは別冊 23 ページ

1 次の英文の[　]内から適する語句を選び，記号を○で囲みなさい。〈4点×5〉

(1) I [ア am studied　イ studying　ウ have studied] French for a year.

重要 (2) [ア Have　イ Has　ウ Did] your brother visited Canada?

(3) [(2)の答えとして] No, he [ア haven't　イ hasn't　ウ wasn't].

(4) He [ア doesn't clean　イ hasn't cleaned　ウ isn't cleaning] his room yet.

(5) I haven't played the piano [ア since　イ for　ウ from] last week.

2 次の日本文に合うように，〔　〕に適する語を書きなさい。〈4点×5〉

(1) 電車がちょうど到着したところです。

The train 〔　　　　　　〕〔　　　　　　　　〕 arrived.

重要 (2) 私は昨日からずっと忙しいです。

I 〔　　　　　　　〕〔　　　　　　　　〕 busy since yesterday.

(3) 彼はもう昼食を食べました。

He 〔　　　　　　　〕〔　　　　　　　　〕 eaten lunch.

(4) あなたはマークに会ったことがありますか。— はい，あります。

〔　　　　　　　〕 you ever 〔　　　　　　　〕 Mark? — Yes, I 〔　　　　　　　〕.

重要 (5) 彼女はもうレポートを書きましたか。— いいえ，まだです。

〔　　　　　　　〕 she 〔　　　　　　　〕 her report yet?

— No, 〔　　　　　　　〕〔　　　　　　　　〕.

3 次の各組の英文がほぼ同じ内容を表すように，〔　〕に適する語を書きなさい。〈5点×2〉

(1) { He went to Paris last year, and he still lives in Paris.
He 〔　　　　　　　〕〔　　　　　　　　〕 in Paris since last year.

(2) { I lost my pencil case and I don't have it now.
I 〔　　　　　　　〕〔　　　　　　　　〕 my pencil case.

4 次の英文を[　]内の指示にしたがって書きかえなさい。　〈4点×3〉

(1) I know Kumi. [for two yearsを加えて現在完了形の文に]

〔　　　　　　　　　　　　　　　　　　　　　　　　　　　　　〕

(2) He has already written a letter. [否定文に]

〔　　　　　　　　　　　　　　　　　　　　　　　　　　　　　〕

(3) Yuki has had coffee. [neverを使って否定文に]

〔　　　　　　　　　　　　　　　　　　　　　　　　　　　　　〕

5 次の[　]内の語句を並べかえて，日本文の意味を表す英文を作りなさい。　〈4点×5〉

(1) 彼はちょうど学校を出たところです。　[just / school / he / has / left].

〔　　　　　　　　　　　　　　　　　　　　　　　　　　　　　〕

重要 (2) あなたは今までにパンダを見たことがありますか。

[seen / a / have / panda / ever / you]?

〔　　　　　　　　　　　　　　　　　　　　　　　　　　　　　〕

(3) 私の祖父は1度もピザを食べたことがありません。

[never / eaten / my grandfather/ pizza / has].

〔　　　　　　　　　　　　　　　　　　　　　　　　　　　　　〕

(4) 私たちは昨年からテニスファンです。

[have / last / since / we / tennis fans / been / year].

〔　　　　　　　　　　　　　　　　　　　　　　　　　　　　　〕

(5) 私はもうその本を読み終えました。

[book / already / reading / the / I've / finished].

〔　　　　　　　　　　　　　　　　　　　　　　　　　　　　　〕

6 次のようなとき，英語でどのように言えばよいですか。適する文を書きなさい。〈6点×3〉

重要 (1) ALTの先生に，日本にどのくらい住んでいるかをたずねるとき。

〔　　　　　　　　　　　　　　　　　　　　　　　　　　　　　〕

(2) 友達に，もう宿題を終えたかどうかをたずねるとき。

〔　　　　　　　　　　　　　　　　　　　　　　　　　　　　　〕

(3) 友達に，北海道へ行ったことがあるかどうかをたずねるとき。

〔　　　　　　　　　　　　　　　　　　　　　　　　　　　　　〕

会話表現 提案，依頼<ruby>など<rt>いらい</rt></ruby>

❶ 提案・アドバイスするときの表現

A: What's wrong?　You look tired.
（どうしたの？　<ruby>疲<rt>つか</rt></ruby>れているみたいだね。）

B: I feel sick.　I think I have a fever.
（気分が悪いんだ。熱があるみたいです。）

A: You should go home and go to bed now.
（すぐに家に帰って，<ruby>寝<rt>ね</rt></ruby>たほうがいいよ。）

B: Thanks, I will.
（ありがとう，そうするよ。）

そのほかの表現

How about **going shopping**?（買い物に行くのはどうですか。）
Shall we **take a rest**?（<ruby>休憩<rt>きゅうけい</rt></ruby>しましょうか。）
I think **you shouldn't eat too much**.
（食べ過ぎないほうがいいと思うよ。）

単語Check! 提案・アドバイス編

☐ **What's wrong?** どうしたのですか。
☐ **look** 〜に見える
☐ **feel** 〜と感じる
☐ **have a fever** 熱がある

❷ <ruby>驚<rt>おどろ</rt></ruby>きや感動を表すときの表現

A: I won tickets for the soccer game!
（サッカーの試合のチケットが当たったんだ！）

B: How lucky!
（なんてラッキーなんだい！）

A: Let's go together.
（いっしょに行きましょう。）

B: What a good idea!
（なんていい考えなんだ！）

そのほかの表現

How **big**!（なんて大きいのでしょう！）
What **an interesting movie**!
（なんておもしろい映画なのでしょう！）
What **beautiful flowers**!
（なんて美しい花なのでしょう！）

★「なんて〜なのでしょう」と驚きや感動の気持ちを表すときは，How 〜!やWhat 〜!を使う。
★ 文の最後には<ruby>感嘆符<rt>かんたんふ</rt></ruby>(！)をつける。

③ 誘うときに使う表現

A: **Tomoko, we're going to go to the movies next Sunday. Why don't you come?**
（智子, ぼくたち次の日曜日に映画に行くつもりなんだ。きみも来ない？）

B: **Sounds nice! What time shall we meet?**
（いいわね！ 何時に待ち合わせしましょうか。）

A: **How about twelve?**
（12時はどう？）

B: **That will be fine.**
（いいわよ。）

そのほかの表現

Let's have lunch here.
（ここで昼食を食べましょう。）

Why don't we go shopping?
（いっしょに買い物に行きませんか。）

単語Check！ お誘い編

□ be going to ～ 　　　～するつもりだ
□ Sounds nice[good]. 　よさそうに聞こえる。
　　　　　　　　　　　　→いいですね。
□ go shopping 　　　　買い物に行く

---

④ お願いするときに使う表現

A: **Mr. Brown, may I ask you a favor?**
（ブラウン先生, お願いがあるのですが。）

B: **Sure. What is it?**
（もちろん。何ですか。）

A: **I wrote a letter to my friend from the U.S. Could you check my English?**
（アメリカ人の友達に手紙を書いたんです。
私の英語をチェックしてくださいますか。）

B: **No problem.**
（いいですよ。）

そのほかの表現

Can you carry my bag?
（私のかばんを運んでもらえますか。）

Please help me.
（私を手伝ってください。）

単語Check！ お願い編

□ ask A B 　　　　Aに Bをたずねる
□ favor 　　　　　親切な行為, 願い
□ No problem. 　いいですよ。

87

◆デザイン：mill inc.

◆装丁イラスト：カモ

◆編集協力：佐藤美穂，敦賀亜希子，脇田聡，上保匡代，村西厚子

◆英文校閲：Joseph Tabolt

◆本文イラスト：さとうさなえ，カモ

◆DTP：株式会社　明昌堂　データ管理コード：22-1772-0184 (InD2020)

●この本は，下記のように環境に配慮して製作しました。
　・製版フィルムを使用しないCTP方式で印刷しました。
　・環境に配慮した紙を使用しています。

※赤フィルターの材質は「ポリプロピレン」です。

テスト前に
まとめるノート改訂版
中2英語

別冊解答

テスト前に
まとめるノート
中2英語

本冊のノートの
答え合わせに

使い方
1

ノートページの答え
▶ **2～18** ページ

確認テスト①～⑤の答え
▶ **19～23** ページ

使い方
2

付属の赤フィルターで
消して, 暗記もできる!

Gakken

❶ be動詞の文・一般動詞の文・命令文・名詞など

↓できたらチェック

☐① 私は田中 絵理です。　　<u>I'm</u>　Tanaka Eri.

☐② こちらは健太です。彼はとても親切です。
<u>This</u>　<u>is</u>　Kenta.　<u>He's</u>　very kind.

☐③ 私たちはオーストラリア出身です。
<u>We're</u>　<u>from</u>　Australia.

☐④ あなたはブラウン先生ですか。— いいえ、ちがいます。
<u>Are</u>　<u>you</u>　Mr. Brown? — No,　<u>I'm</u>　<u>not</u>.

☐⑤ リサとトムはスポーツが好きです。
Lisa and Tom　<u>like</u>　sports.

☐⑥ あなたは毎日、本を読みますか。— はい、読みます。
<u>Do</u>　you　<u>read</u>　books every day?
— Yes,　<u>I</u>　<u>do</u>.

☐⑦ リサは、毎週火曜日にテニスをします。
Lisa　<u>plays</u>　tennis every　<u>Tuesday</u>.

☐⑧ 絵理は腕時計を 2 つ持っています。
Eri　<u>has</u>　<u>two</u>　<u>watches</u>.

☐⑨ トムは何かペットを飼っていますか。
— はい。彼は犬を何匹か飼っています。
<u>Does</u>　Tom have　<u>any</u>　pets?
—Yes, he　<u>does</u>.　He has　<u>some</u>　dogs.

☐⑩ これは私の新しい本です。
This is　<u>my</u>　<u>new</u>　<u>book</u>.
↳形容詞の位置に注意。名詞の前に入れる

主語とbe動詞の使い分け

主語	be動詞
I	am
He / She など 3人称単数	is
Youや複数	are

1人称
I（私）　we（私たち）

2人称
you（あなた、あなたたち）

3人称
Sam（サム）、my dog（私の犬）、they（彼ら）など、自分と相手以外全部

三天注意!
主語が3人称単数で現在の文のとき、動詞にはsをつける。ただし、haveは不規則に変化する。

2つ以上のものは複数形である。ふつうは、最後にsをつけるが、s, x, ch, sh で終わる語にはesをつける。

詳しく!
「いくつかの」と言うときは、some を使う。否定文や疑問文ではふつうany を使う。

☐⑪ あれは何ですか。— 博物館です。
<u>What's</u>　that? —　<u>It's</u>　a museum.

☐⑫ 彼らは教師ではありません。彼らは学生です。
They　<u>aren't</u>　teachers. They're　<u>students</u>.
↳複数形にすること

☐⑬ 私は野球が得意ではありません。
<u>I'm</u>　<u>not</u>　good at baseball.
↳be good at 〜で「〜が得意だ」という意味

☐⑭ 私たちは、日曜日には学校へ行きません。
We　<u>don't</u>　<u>go</u>　to school on Sundays.

☐⑮ 私の父は、ロック音楽を聞きません。
My father　<u>doesn't</u>　<u>listen</u>　to rock music.

☐⑯ 彼女は私のおばです。私は彼女が好きです。
<u>She's</u>　my aunt. I like　<u>her</u>.

☐⑰ テニスをしましょう。私のラケットを使ってください。
<u>Let's</u>　<u>play</u>　tennis.　<u>Use</u>　<u>my</u>　racket.

☐⑱ リサ、ここで待っていて。動かないで。
Lisa,　<u>wait</u>　here.　<u>Don't</u>　move.

☐⑲ ロンドンは何時ですか。— 5 時 50 分です。
<u>What</u>　<u>time</u>　is it in London?
—　<u>It's</u>　five fifty.

☐⑳ あなたはふつう何時に寝ますか。— 10 時です。
<u>What</u>　<u>time</u>　<u>do</u>　you usually go to bed?
—　<u>At</u>　ten.

☐㉑ 今日は何曜日ですか。— 水曜日です。
<u>What</u>　day is　<u>it</u>　today? — It's　<u>Wednesday</u>.

What is 〜？の疑問文にふつう、It is 〜．の形で答える。

be動詞の否定文は、be動詞のあとにnotを入れる。

一般動詞の否定文は、動詞の前にdon'tかdoesn'tを入れる。主語が3人称単数のときdoesn't、それ以外はdon't。

「〜しなさい」「〜してください」のように指示したり、お願いしたりするときは、動詞で文を始める。

三天注意!
一般動詞の疑問文では、be動詞ではなく、do[does]を使う。
× What time are you go 〜？などとはしない。

❷ いろいろな疑問詞の文・現在進行形の文

☐㉒ 文化祭はいつですか。— 11 月 4 日です。
<u>When</u>　is the school festival? — It's　<u>November</u>　4.

☐㉓ 東京の天気はどうですか。— くもりです。
<u>How's</u>　the weather in Tokyo? —　<u>It's</u>　cloudy.

☐㉔ トムはどこでサッカーをしますか。— 学校です。
<u>Where</u>　<u>does</u>　Tom play soccer? —　<u>At</u>　school.

☐㉕ あなたは本を何冊持っていますか。— 約 20 冊持っています。
<u>How</u>　<u>many</u>　<u>books</u>　do you have?
— I have　<u>about</u>　twenty.

☐㉖ あちらの男性はだれですか。— 彼は私の兄です。
<u>Who's</u>　that man? —　<u>He's</u>　my brother.

☐㉗ 私はリサの部屋で勉強をしています。
<u>I'm</u>　<u>studying</u>　in Lisa's room.

☐㉘ 彼は新しいボールをほしがっています。
<u>He</u>　<u>wants</u>　a new ball.

☐㉙ あなたのお母さんは公園で走っているところですか。— はい。
<u>Is</u>　your mother　<u>running</u>　in the park?
— Yes,　<u>she</u>　<u>is</u>.

☐㉚ あなたは何をしていますか。— 手紙を書いています。
<u>What</u>　are you　<u>doing</u>?
—　<u>I'm</u>　<u>writing</u>　a letter.

☐㉛ 彼らはテレビを見ているところではありません。
They're　<u>not</u>　<u>watching</u>　TV.

What や When などの疑問詞は文の最初におくのが原則。

天候、曜日、時刻を表す文では、主語にitを使う。

三天注意!
How many に続く名詞は複数形にする。

三天注意!
何かの動作をしている最中であることを表すときは、現在進行形を使う。know（知っている）、want（ほしい）などの状態を表す動詞は、ふつう進行形にしない。

進行形の否定文、疑問文の作りはふつうのbe動詞の文と同じ。

❸ canの文・過去の文・過去進行形の文など

☐㉜ ジョーンズさんは日本語が上手に話せます。
Ms. Jones　<u>can</u>　<u>speak</u>　Japanese well.

☐㉝ 彼は自転車に乗ることができません。
He　<u>can't [cannot]</u>　<u>ride</u>　a bike.

☐㉞ トムはピザを作ることができますか。— はい、できます。
<u>Can</u>　Tom　<u>make</u>　pizza? — Yes, he　<u>can</u>.

☐㉟ この箱を開けてもいいですか。— いいよ。
<u>Can</u>　<u>I</u>　open this box? — OK.

☐㊱ 私といっしょに来てくれますか。— いいですよ。
<u>Can</u>　<u>you</u>　come with me? — Sure.

☐㊲ 彼らは昨年、シドニーに住んでいました。
They　<u>lived</u>　in Sydney　<u>last</u>　year.

☐㊳ 美奈は、2 年前にニューヨークを訪問しましたか。
— いいえ。彼女はボストンを訪問しました。
<u>Did</u>　Mina　<u>visit</u>　New York two years　<u>ago</u>?
— No, she　<u>didn't</u>.　She　<u>visited</u>　Boston.

☐㊴ 私の祖母は 10 年前は医者でした。
My grandmother　<u>was</u>　a doctor ten years　<u>ago</u>.

☐㊵ ジョンと私は昨夜は家にいませんでした。
John and I　<u>were</u>　<u>not</u>　home last night.
↳weren't at でもよい

☐㊶ あなたはそのとき走っていましたか。— いいえ。
<u>Were</u>　you　<u>running</u>　then? — No, I　<u>wasn't</u>.

主語が3人称単数のときもcanの形は変わらず、あとの動詞は原形にする。

canを使って「〜できます」とたずねるときは、Canで文を始める。答えるときもcanを使う。

詳しく!
Can I 〜？は「〜してもいいですか」、Can you 〜？は「〜してくれますか」という意味。

「〜しました」のように過去に起きたことを言うときは、動詞を過去形にするよ。

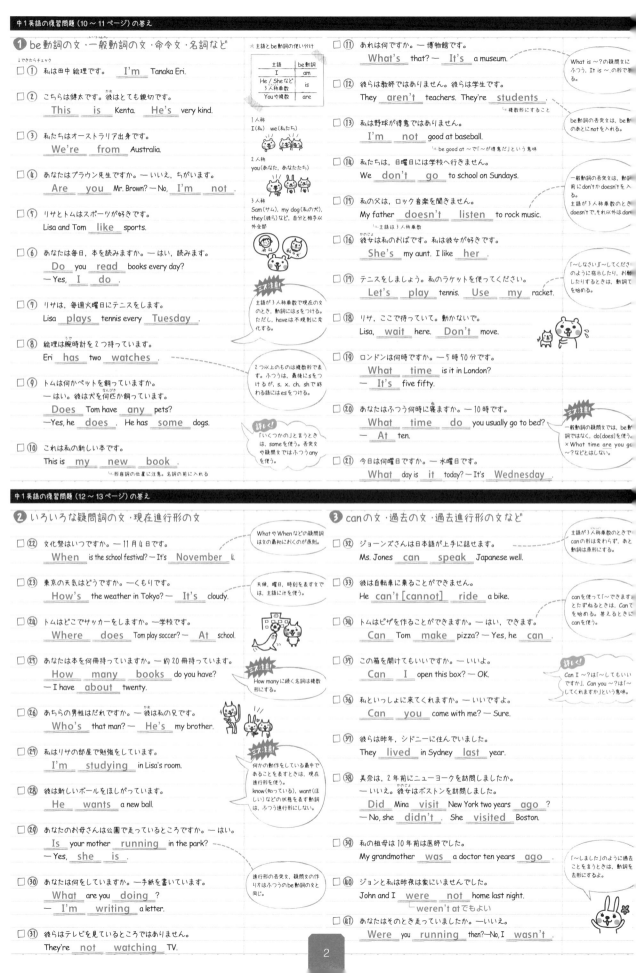

過去進行形の文

I was playing tennis then.

（私はそのとき、テニスをしていました。）

) 過去進行形の形と意味

◎過去進行形は「（そのとき）〜していました」という意味で、
was, were のあとに動詞の　ing形　を続ける。
　主語によって使い分ける

過去進行形とは？　　♪空所に適する英語を書こう。

～今～
◎現在の文
Mai（ is ）at home.
（麻衣は家にいます。）

◎現在進行形の文
She（ is ）（ watching ）TV.
（彼女はテレビを見ています。）

～2時間前～
◎過去の文
Mai（ was ）in the library.
（麻衣は図書館にいました。）

◎過去進行形の文
She（ was ）（ studying ）English.
（彼女は英語を勉強していました。）

文科書check!　♪自分の教科書に出ている過去進行形の文を書こう。
●

♪日本文の意味を表す英文を完成させよう。
★私は9時には宿題をしていました。
→I（ was ）（ doing ）my homework at nine.
★ベッキーと健はそのときおしゃべりをしていました。
→Becky and Ken（ were ）（ talking ）then.
★ブラウン先生は音楽を聞いていました。
→Ms. Brown（ was ）（ listening ）to music.

ミス注意！
know（知っている）, like（好きだ）, want（ほしい）, see（見える）などはふつう、進行形にしない。

have の場合は注意が必要。
「私は本を持っていた」
→○I had a book.
　×I was having a book.
「私は夕食を食べていた」
→○I was having dinner.

(2) 動詞のing形の作り方　♪空所に適する語句を書こう。

動詞の種類	ing形の作り方		例
ふつうの動詞	最後に	ing をつける	read（読む）→（ reading ）
eで終わる動詞	最後の	e をとって ingをつける	use（使う）→（ using ）
runやswimなど	最後の	1文字を重ねて ingをつける	run（走る）→（ running ）

♪次の動詞をing形にしよう。
look（見る）→（ looking ）　　make（作る）→（ making ）
take（取る）→（ taking ）　　sit（すわる）→（ sitting ）

詳しく！
1文字を重ねてingをつける動詞にはほかに、sit（すわる）, stop（止まる）, cut（切る）, get（手に入れる）などがある。

♪日本文の意味を表す英文を完成させよう。
★彼はそのとき、泳いでいました。
→He（ was ）（ swimming ）then.
★私たちはそのとき、昼食を食べていました。
→We（ were ）（ eating ）lunch then.
　　　　　　　havingでもよい

過去進行形の否定文

I was not running at 7 a.m.

（私は午前7時には、走っていませんでした。）

◎「〜していませんでした」は、was, were のあとに　not　を入れる。
　短縮形のwasn't, weren'tがよく使われる

♪次の英文を否定文に書きかえよう。
★We were playing soccer then.
→We weren't[were not] playing soccer then.
（私たちはそのとき、サッカーをしていませんでした。）
★It was snowing then.
→It wasn't[was not] snowing then.
（そのとき雪は降っていませんでした。）

過去進行形でよく使う語句
・then（そのとき）
・at that time（そのとき）
・at 〜（〜時に）
・when 〜（〜したとき）
→p.98

過去進行形の疑問文と答え方

Were you reading a book then?

（あなたはそのとき、本を読んでいましたか。）

— Yes, I was. / No, I wasn't.

（はい、読んでいました。／いいえ、読んでいませんでした。）

過去進行形の疑問文の作り方と答え方は、ふつうのbe動詞の過去の文と同じ。
be動詞で文を始め、be動詞を使って答える。

◎「〜していましたか」という疑問文は、主語が3人称単数なら　Was　で, youや複数なら　Were　で文を始める。
◎答え方…「はい」→ Yes, 〜 was[were].
　　　　　「いいえ」→ No, 〜 wasn't[weren't].
　　　wasn'tはwas not, weren'tはwere notの短縮形

本読んでた？　答え　はい　Yes, I was.
　　　　　　いいえ　No, I wasn't.

♪次の英文を疑問文に書きかえよう。
★Bob was riding a bike then.
→Was Bob riding a bike then?
（ボブはそのとき、自転車に乗っていましたか。）
★They were watching TV.
→Were they watching TV?
（彼らはテレビを見ていましたか。）

♪日本文の意味を表す英文を完成させよう。
★あのイヌは眠っていましたか。— はい、眠っていました。
→（ Was ）that dog（ sleeping ）?
—（ Yes ）, it（ was ）.
★あなたはこのペンを使っていましたか。
—いいえ、使っていませんでした。
→（ Were ）you（ using ）this pen?
— No,（ I ）（ wasn't ）.

ミス注意！
過去進行形の疑問文では、Didは使わない。
×Did you playing 〜?
○Were you playing 〜?

「何をしていましたか」とたずねる文

What were you doing then?

（あなたはそのとき何をしていましたか。）

◎「あなたは何をしていましたか。」は、
　What were you doing? でたずねる。

「彼女は何をしていましたか」のように、主語が3人称単数なら、What was she doing?にする。

♪適する語を書いて、会話文を完成させよう。
★A: What（ was ）John（ doing ）then?
（ジョンはそのとき、何をしていましたか。）
B: He（ was ）（ making ）dinner with his father.
（彼は父親と夕食を作っていました。）
　　　cookingでもよい
★A: What（ were ）you（ studying ）?
（あなたは何を勉強していましたか。）
B: I（ was ）（ studying ）math.
（私は数学を勉強していました。）

左の会話文のように、doing以外の動詞のing形がくることともある。

♪次の質問に、自分自身の答えを英語で書こう。
★What were you doing at ten last night?
（あなたは昨夜の10時に何をしていましたか。）
→［例］I was taking a bath（then）.
（私は（そのとき）おふろに入っていました。）

過去形と過去進行形の使い分け
◎過去の出来事 → 過去形で表す。
◎過去のある時点にしている最中だったこと → 過去進行形で表す。

♪動詞の形に注意して、日本文の意味を表す英文を完成させよう。
★美紀は、昨夜の9時にはテレビを見ていました。
→Miki was watching TV at nine last night.
★美紀は、昨日テレビを見ました。
→Miki watched TV yesterday.

ミス注意！
下の文では単なる過去のことを表していることに注意しよう。

be going to ~を使った未来の文

I am going to visit Hawaii next year.
(私は来年, ハワイを訪れるつもりです。)

このbeは, be動詞のこと。
I am の短縮形の I'm が
よく使われるよ。

◎「～するつもりです」のように, 未来の予定を言うときは
be　going to　～で表す。
◎動詞は主語によって, am, is, are を使い分ける。

主語	be動詞		
I	(am)		
He, She など 3人称単数	(is)	going to	動詞～.
You や複数	(are)		

◎toのあとの動詞はいつも　原形　。
　　　　　　　　　sやedなどがつかないもとの形

・**教科書Check!** 自分の教科書に出ている be going to ～の文を書こう。

筆語Check!
動詞のあとの主語
との意味を書こう。

現在・過去・未来の文
空所に適する英語を書こう。

現在の文	He (goes) to the park every day. (彼は毎日, 公園へ行きます。)
過去の文	He (went) to the park yesterday. (彼は昨日, 公園へ行きました。)
未来の文	He (is)(going)(to)(go) to the park tomorrow. (彼は明日, 公園へ行く予定です。)

日本文の意味を表す英文を完成させよう。
★美紀は明日, 走るつもりです。
→Miki (is) going to (run) tomorrow.
★私たちは放課後, 勉強する予定です。
→We (are)(going) to study after school.

三注意!
主語が3人称単数のときでも,
to のあとの動詞は原形。
「彼は野球をするつもりです。」
×He is going to plays baseball.
○He is going to play baseball.

次の日本文を英語になおそう。
★私は明日, 自分の部屋をそうじするつもりです。
→[例] I'm going to clean my room tomorrow.
★私の父は今年の夏, カナダを訪れる予定です。
→[例] My father is going to visit Canada this summer.
★彼らは来月, 日本へ来る予定です。
→[例] They are going to come to Japan next month.

未来の文でよく使われる語句
・tomorrow (明日)
・next ～ (次の～)
・next week (来週)
・this weekend (今週末)

be going to ~の否定文

I am not going to eat ice cream tonight.
(私は今夜, アイスクリームを食べるつもりはありません。)

◎「～するつもりはありません」は, be動詞のあとに not を入れる。
◎「彼女は～するつもりはありません」なら,
　She's not going to ～. で表す。
　└She isn't going to ～. でもよい

否定文の作り方はふつう
のbe動詞の文と同じ。

次の英文を否定文に書きかえよう。
★He's going to make dinner tonight.
→ He's not going to make dinner tonight.
　(彼は今夜, 夕食を作るつもりはありません。)└He isn't ～ でもよい
★We're going to go shopping tomorrow.
→ We're not going to go shopping tomorrow.
　(私たちは明日, 買い物に行くつもりはありません。)└We aren't ～. でもよい

筆語Check!

日本文の意味を表す英文を完成させよう。
★私は映画に行くつもりはありません。
→I'm (not)(going)(to) go to the movies.
★美紀とリサは今週末, テニスをするつもりはありません。
→Miki and Lisa (aren't) going (to)(play) tennis this weekend.

be going to ~の疑問文と答え方

Are you going to go abroad this summer?
(あなたは今年の夏, 海外へ行くつもりですか。)
— Yes, I am. / No, I'm not.
(はい, そのつもりです。／いいえ, そのつもりはありません。)

be going to ～の疑問文の作り
方は, ふつうのbe動詞の文と
同じ。do や does は使われない!
×Does he going to go ～?
○Is he going to go ～?

◎「～するつもりですか」「～する予定ですか」は, be動詞で文を始める。
◎「あなたは～するつもりですか」は
　Are you going to ～?　で,
「彼は～するつもりですか」なら
　Is he going to ～?　で表す。
◎答え方…ふつうのbe動詞の文と同じ。

答え方の例
Is he going to ～?
→(はい)Yes, he is.
(いいえ)No, he isn't.
No, he's not.
Are they going to ～?
→(はい)Yes, they are.
(いいえ)No, they aren't.
No, they're not.

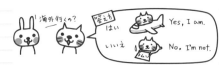
海外行くの？
答え方
はい　Yes, I am.
いいえ　No, I'm not.

日本文の意味を表す英文を完成させよう。
★あなたは明日, 早く起きるつもりですか。―はい。
→(Are) you (going) to get up early tomorrow?
　— Yes, (I)(am).
★彼は来週, 京都を訪れる予定ですか。―いいえ。
→(Is) he going to (visit) Kyoto next week?
　—(No), he (isn't). ←he's not でもよい
★あなたとジムはテニスをするつもりですか。―はい。
→(Are) you and Jim going (to) play tennis?
　— Yes, (we)(are).

次の [ ] 内の語句を並べかえて, 日本文の意味を表す英文にしよう。
★サラ(Sarah)はピアノを練習するつもりですか。
[to / the piano / is / practice / Sarah / going]?
→ Is Sarah going to practice the piano?
★あなたは動物園へ行く予定ですか。
[going / are / the zoo / you / to / to / go]?
→ Are you going to go to the zoo?

筆語Check!

疑問詞で始まる be going to ~の疑問文

What are you going to do next Sunday?
(あなたは次の日曜日に何をするつもりですか。)

◎「あなたは何を～するつもりですか」は
　What are you going to ～? で表す。

疑問詞と組み合わせて使
うときは, 疑問詞で文を
始める。そのあとに, are
you going to ～などの
疑問文の形を続ける。

日本文の意味を表す英文を完成させよう。
★リサは今週末何をする予定ですか。―彼女は公園を走る予定です。
→(What) is Lisa going to (do) this weekend?
　— She (is)(going)(to) run in the park.
★あなたはいつ宿題をするつもりですか。
→(When) are you going (to) do your homework?

Yes/Noは使わず, I'm
going to ～. や He is
going to ～. などを使っ
て答えるよ。

次の日本文を英語になおそう。
★あなたはどのくらいここに滞在するつもりですか。
→[例] How long are you going to stay here?
★彼は明日, 何時に起きるつもりですか。
→[例] What time is he going to get up tomorrow?

「どのくらい」は「どのくら
い長く」ということ。期間
をたずねる。

 次の質問に, 自分自身の答えを英語で書こう。
★What are you going to do next Saturday? (あなたは次の土曜日に何をする予定ですか。)
→[例] I'm going to go shopping. (私は買い物に行く予定です。)

未来を表すwillの文とwillの否定文

I will call him tonight. (私は今夜, 彼に電話します。)

She will not come here. (彼女はここに来ないでしょう。)

● 未来の表し方 → be going to 〜のほかに **will** もある。

● willに続く動詞はいつでも **原形** にする。

● 「私は〜しないでしょう」は **I won't 〜.** で,
will notの短縮形

「彼は〜しないでしょう」なら **He won't 〜.** で表す。

> 詳しく！ 会話では次のような短縮形がよく使われる。
> ・I will → I'll
> ・You will → You'll
> ・He will → He'll
> ・She will → She'll
> ・It will → It'll

> willはcanと同じ「助動詞」の仲間。あとの動詞はいつも原形だよ。

willの文

✎空所に適する英語を書こう。

(**I'll**) (**answer**) the phone.
(私が電話に出ます。)

(**It'll**) (**rain**) tomorrow.
(明日は雨が降るでしょう。)

> 詳しく！ be going to 〜はすでに決めている予定を言うときに, willは今その場で決めたことを言うときや,「〜でしょう」と予想を表すときに使うことが多い。

✎willを使って, 日本文の意味を表す英文を完成させよう。

✗ たくさんの人がこの城を訪れるでしょう。

→Many people (**will**) (**visit**) this castle.

✗ トムはあなたを手伝うでしょう。

→Tom (**will**) (**help**) you.

✗ 彼女は今夜, テレビを見ないでしょう。

→She (**won't**) (**watch**) TV tonight.

✎次の[ ]内の語句を並べかえて, 日本文の意味を表す英文にしよう。

✗ 彼女は将来, いい歌手になるでしょう。

[will / a good singer / she / be] in the future.

→ She **will be a good singer** in the future.

✗ 明日は暑くないでしょう。

[it / be / hot / won't] tomorrow.

→ It **won't be hot** tomorrow.

> ミス注意！ beはbe動詞の原形。hotなど形容詞の文では, be動詞を入れられるまちがいが多いので注意。

willの疑問文

Will Lisa come to the party?
(リサはパーティーに来るでしょうか。)

— Yes, she will. / No, she won't.
(はい, 来るでしょう。／いいえ, 来ないでしょう。)

> willを使う文では, 否定文でも疑問文でも, 動詞はいつも原形。
> ✗Will Lisa comes 〜? としないこと。

● willの疑問文は, Willで文を始める。

● 「あなたは〜するでしょうか」は **Will you 〜?** で,
「彼は〜するでしょうか」なら **Will he 〜?** で表す。

● 答え方…「は い」 → Yes, 〜 **will** .
「いいえ」 → No, 〜 **won't** .

✎日本文の意味を表す英文を完成させよう。

✗ 彼はまもなく到着するでしょうか。

— いいえ, しないでしょう。

→(**Will**) he (**arrive**) soon?

— No, (**he**) (**won't**).

✗ 明日はくもりでしょうか。

— はい, そうなるでしょう。

→(**Will**) it (**be**) cloudy tomorrow?

— Yes, (**it**) (**will**).

「〜しなければならない」の文①

I have to read this book.
(私はこの本を読まなければなりません。)

● 「〜しなければならない」は, **have to** を使う。
「私は〜しなければなりません」なら **I have to 〜.** で表す。

● toのあとは動詞の **原形** が続く。

> まわりの状況を考えて「〜しなければならない」と言うときに使うことが多い。

> have toは, ふつう, [hǽftu ハフトゥ] [hǽftə ハフタ]のように続けて読む。

has to 〜の文

Mike has to go home now.
(マイクはもう家に帰らなければなりません。)

● 主語が3人称単数のときは **has to** を使う。

● 主語に関係なく, toに続く動詞はいつでも **原形** 。

> has toも, ふつう続けて読んで, [hǽstu ハストゥ] [hǽstə ハスタ] のように発音する。

have toとhas toの使い分け

✎空所に適する英語を書こう。

主語がI

I (**have**) (**to**) finish my homework.
(私は宿題を終わらせなければなりません。)

主語がyouや複数

We (**have**) (**to**) be quiet.
(私たちは静かにしなければなりません。)

主語が3人称単数

She (**has**) (**to**) go now.
(彼女はもう行かなければなりません。)

✎日本文の意味を表す英文を完成させよう。

✗ 私はトムを待たなければなりません。

→I (**have**) (**to**) wait for Tom.

✗ 彼はサッカーを練習しなければなりません。

→He (**has**) (**to**) practice soccer.

✗ あなたたちは, ここでは英語を話さなければなりません。

→You (**have**) (**to**) speak English here.

✗ アンと健は図書館に行かなければいけません。

→Ann and Ken (**have**) to (**go**) to the library.

> ミス注意！ AとBの主語は複数。Kenにつられて, hasとしないこと。

✎次の[ ]内の語句を並べかえて, 日本文の意味を表す英文にしよう。

✗ 私の姉はお皿を洗わなければなりません。

[the dishes / has / wash / sister / to / my].

→ My sister has to wash the dishes.

✗ 私たちは今日, 家にいなければなりません。

[be / have / home / we / to] today.

→ We have to be home today.

> 詳しく！ 過去のことについて,「〜しなければならなかった」と言うときは, had to 〜を使う。
> ・I had to wait there.
> (私はそこで待たなければなりませんでした。)

✎次の日本文を英語になおそう。

✗ 私たちは学校へ行かなければなりません。

→ We have to go to school.

✗ 私の父は早く起きなければなりません。

→ My father has to get up early.

✎have toを使って, 自分が今日しなければならないことを英語で書こう。

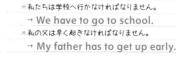

→[例] I have to do my homework today.
(私は今日, 宿題をしなければなりません。)

have to ～の否定文

You **don't have to** get up early.
（あなたは早く起きる必要はありません。）

She **doesn't have to** study English tonight.
（彼女は今夜、英語を勉強する必要はありません。）

- have to ～の否定文は、 don't have to ～ で表す。
- 主語が3人称単数の場合は、 doesn't have to ～ 。
- 「～する必要はない」「～しなくてもよい」という意味。

> **ここに注意！**
> このとき、×doesn't *has* to ～としないこと。否定文では、*has* は使われない。

have to ～の答え方

| have to の文 | I | have to | cook dinner. |

（私は夕食を作らなければなりません。）

have to の前に入れる　　動詞は原形のまま

| have to の否定文 | I don't | have | to | cook dinner. |

（私は夕食を作る必要はありません。）

> **→ 教科書check!**
> ・自分の教科書に出ている have to ～の否定文を書こう。

✎ 次の文を否定文に書きかえよう。
★ I have to finish my homework today.
→ I don't have to finish my homework today.
（私は今日、宿題を終わらせる必要はありません。）

★ John has to work tomorrow.
→ John doesn't have to work tomorrow.
（ジョンは明日、働く必要はありません。）

★ You have to speak English here.
→ You don't have to speak English here.
（あなたはここで英語を話さなくてもいいです。）

> have to ～の否定文は、「～しなくてよい」という意味。×「～してはいけない」という意味ではない。

have to ～の疑問文と答え方

Do you **have to** walk to school?
（あなたは学校まで歩いて行かなければなりませんか。）

— Yes, I **do**. / No, I **don't**.
（はい、そうしなければなりません。／いいえ、その必要はありません。）

- have to ～の疑問文は「～しなければなりませんか」という意味で、 Do で文を始める。主語が3人称単数なら Does を使う。
- 答え方は、ふつうの Do [Does] ～? の疑問文の場合と同じ。

have to ～の疑問文への答え方

Do you have to ～?
はい、Yes, I do.
いいえ、No, I don't.

Does she have to ～?
はい、Yes, she does.
いいえ、No, she doesn't.

> 「いいえ」の答えは、「その必要はありません」「そうしなくてもいいです」という意味になる。

✎ 次の英文を疑問文に書きかえよう。
★ Ann has to leave now.
→ Does Ann have to leave now?
（アンはもう出発しなければなりませんか。）

★ They have to take that train.
→ Do they have to take that train?
（彼らはあの電車に乗らなければなりませんか。）

✎ 日本文の意味を表す英文を完成させよう。
★ 私はここにいなければなりませんか。—いいえ。
→ (Do) I have (to) be here?
— No, (you) (don't).
★ 彼は母親を手伝わなければなりませんか。—はい。
→ (Does) he (have) to help his mother?
— Yes, (he) (does).

> **詳しく！**
> 過去の否定文は didn't have to ～、疑問文は Did ... have to ～? の形になる。
> ・I didn't have to wait here.
> （私はここで待つ必要はありませんでした。）
> ・Did you have to wait here?
> （あなたはここで待たなければなりませんでしたか。）

「～しなければならない」の文②

You **must** do your homework.
（あなたは宿題をしなければなりません。）

- 「～しなければならない」は、have to ～以外に must を使うこともある。
- 主語が3人称単数であっても、must の形は変わらない。
- must に続く動詞はいつでも 原形 にする。

> **→ 教科書check!**
> ・自分の教科書に出ている must の文を書こう。

✎ must を使って、日本文の意味を表す英文を完成させよう。
★ 私たちは熱心に勉強しなければなりません。
→ We (must) (study) hard.
★ あなたは友達に親切にしなければなりません。
→ You (must) (be) kind to your friends.
★ あなたたちは朝早く起きなければなりません。
→ You (must) (get) (up) early in the morning.
★ 彼は今夜、ピアノを練習しなければなりません。
→ He (must) (practice) the piano tonight.

> must は can や will と同じく、助動詞の仲間。いつも動詞の原形が続く。

> **詳しく！**
> have to ～ はまわりの客観的な事情から「～しなければならない」という状態を表すときに、must は話し手自身の気持ちを表して「～しなければならない」というときによく使われる。

must ～の否定文

You **must not** touch the picture.
（その絵にさわってはいけません。）

- 「～してはいけません」と禁止するときは、 must not を使う。

短縮形は mustn't

> 疑問文は、must で文を始める。
> ・Must I go now?
> （私はもう行かなければなりませんか。）
> — Yes, you must.
> （はい、行かなければなりません。）
> — No, you don't have to.
> （いいえ、その必要はありません。）

must not と don't have to

| must not | → 強い禁止を表す。 |

You (must) (not) read it.
（あなたはそれを読んではいけません。）

| don't have to | → 不必要を表す。 |

You (don't) (have) (to) read it.
（あなたはそれを読む必要はありません。）

✎ 日本文の意味を表す英文を完成させよう。
★ あなたは教室で走ってはいけません。
→ You (must) (not) run in the classroom.
★ 私たちは、ここでは日本語を話してはいけません。
→ We (mustn't) speak Japanese here.
★ 彼女は自分の部屋をそうじする必要はありません。
→ She (doesn't) (have) to (clean) her room.

> **詳しく！**
> You mustn't ～. は、Don't ～ で書きかえられることもある。
> ・You mustn't swim here.
> → Don't swim here.
> （ここで泳いではいけません。）

should ～の文

We **should** learn English.
（私たちは英語を学ぶべきです。）

- 「～すべきだ」「～したほうがよい」は should を使う。

あとに続く動詞は原形

✎ 日本文の意味を表す英文を完成させよう。
★ あなたはあの映画を見るべきです。
→ You (should) see that movie.
★ 私はどこでバスを降りればいいですか。
→ (Where) (should) I get off the bus?

> 疑問文は should で文を始め、Should ～? のようにする。疑問詞がある場合は、Where should I ～? のように疑問詞を文頭におく。

an I 〜? / Can you 〜?の文

Can I open the window? （窓を開けてもいいですか。）
Can you close the door? （ドアを閉めてくれますか。）

◎「〜してもいいですか」と許可を求めるときは　Can I 〜？
　で表す。
◎「〜してくれますか」と依頼するときは　Can you 〜？
　で表す。

🖊日本文の意味をあらす英文を完成させよう。
★あなたの消しゴムを使ってもいい？
　→（ Can ）（ I ）use your eraser?
★私の家に来てくれますか。
　→（ Can ）（ you ）come to my house?

🖊次の日本文を英語になおそう。
★ここで写真を撮ってもいいですか。——いいですよ。
　→[例] Can I take a picture here?
　— Sure.
★私を手伝ってくれますか。——いいですよ。
　→[例] Can you help me?
　— No problem.

May I 〜?の文

May I use your bike?
（あなたの自転車を使ってもいいですか。）

◎「〜してもいいですか」は　May I 〜？　を使うこともある。
◎ May I 〜?は Can I 〜?よりもていねいな言い方。

助動詞canは「〜することができる」という意味のほかに、このように許可を求めるときや依頼するときにも使うよ。

Can I 〜?やCan you 〜?に対しては、Sure.／All right.（いいですよ。）、OK.（いいよ。）のように応じる。断るときは、I'm sorry.（ごめんなさい。）のあとに理由を続ける。

mayは「〜してもよい」という意味の助動詞で、許可を表す。

Can I 〜?とMay I 〜?

Can I 〜?の文
Can I use your pen?
（あなたのペンを使ってもいい？）

May I 〜?の文
May I use this pen?
（このペンを使ってもいいですか。）

Can I 〜?はフレンドリーな言い方で、家族や友人に対してよく使う。May I 〜?は、目上の人などに、ていねいに依頼したいときによく使う。

Can I 〜?は注文をするときにもよく使われるよ。Can I have a hamburger?（ハンバーガーを1つください。）

●教科書check! 🖊自分の教科書に出ているMay I 〜?の文を書こう。

🖊mayを使って、日本文の意味をあらす英文を完成させよう。
★あなたのコンピューターを使ってもいいですか。
　— ごめんなさい、使っているんです。
　→（ May ）（ I ）use your computer?
　— I'm sorry, I'm using it.
★中に入ってもいいですか。——いいですよ。
　→（ May ）（ I ）come in?　— All right.

🖊次の[　]内の語を並べかえて、日本文の意味をあらす英文にしよう。
★ここにすわってもいいですか。
　[I / sit / here / may]?
　→ May I sit here?
★質問してもいいですか。
　[question / ask / may / a / I]?
　→ May I ask a question?
★あなたの傘をお借りしてもいいですか。
　[borrow / may / your / I / umbrella]?
　→ May I borrow your umbrella?

Could you 〜?の文

Could you help me?
（私を手伝ってくださいますか。）

◎「〜してくださいますか」とていねいに依頼するときは、
　Could you 〜？　で表す。
　Can you 〜?よりもていねいな言い方

Can you 〜?とCould you 〜?

Can you 〜?の文
Can you carry my bag?
（私のかばんを運んでくれる？）

Could you 〜?の文
Could you carry my bag?
（私のかばんを運んでくださいますか。）

couldはcanの過去形。

Could you 〜?への応じ方はCan you 〜?の依頼の文と同じ。→p.32

🖊日本文の意味をあらす英文を完成させよう。
★もっとゆっくり話してくださいますか。— わかりました。
　→（ Could ）（ you ）speak more slowly?
　—（ All ）right.
★それをもう一度言ってくださいますか。——いいですよ。
　→（ Could ）（ you ）say that again, please?
　— Sure.

🖊couldを使って、次の日本文を英語になおそう。
★ドアを開けてくださいますか。
　→[例] Could you open the door?
★この本を読んでくださいますか。
　→[例] Could you read this book?

Will you 〜? / Would you 〜?の文

Will you open the door, please?
（ドアを開けてくれますか。）

Would you take a picture?
（写真を撮ってくださいますか。）

wouldはwillの過去形。

◎「〜してくれますか」と依頼するときは、
　Will you 〜？　でも表すことができる。
◎「〜してくださいますか」とていねいに依頼するときは、
　Would you 〜？　でも表すことができる。

🖊空所に適する英語を書こう。

文の形	例　文	意　味
Please＋命令文. / 命令文, please.	Please（ open ）the window. / （ Open ）the window, please.	窓を開けてください。 →ていねいにお願いしたいときには使わない。
Can you 〜?	（ Can ）you open the window?	窓を開けてくれますか。
Will you 〜?	（ Will ）you open the window?	窓を開けてくれますか。 →親しい人に依頼するときによく使う。
Could you 〜?	（ Could ）you open the window?	窓を開けてくださいますか。
Would you 〜?	（ Would ）you open the window?	窓を開けてくださいますか。 →それぞれCan you 〜?, Will you 〜?よりもていねいな言い方。

いろいろな依頼の表現のまとめ

🖊[　]内の語を使って、次の日本文を英語になおそう。
★私といっしょに来てくれますか。　[will]
　→[例] Will you come with me?
★この部屋をそうじしてくださいますか。　[could]
　→[例] Could you clean this room?

🖊学校の先生にお願いしたいことを英語で言おう。
　→[例] Could you check my English?
　（私の英語をチェックしてくださいますか。）

Shall I 〜?の文　　　　　　　　　　　　単語Check!

Shall I help you?
（あなたをお手伝いしましょうか。）

◎「（私が）〜しましょうか」と申し出るときは　Shall I 〜?　で表す。

Shall I 〜?への答え方

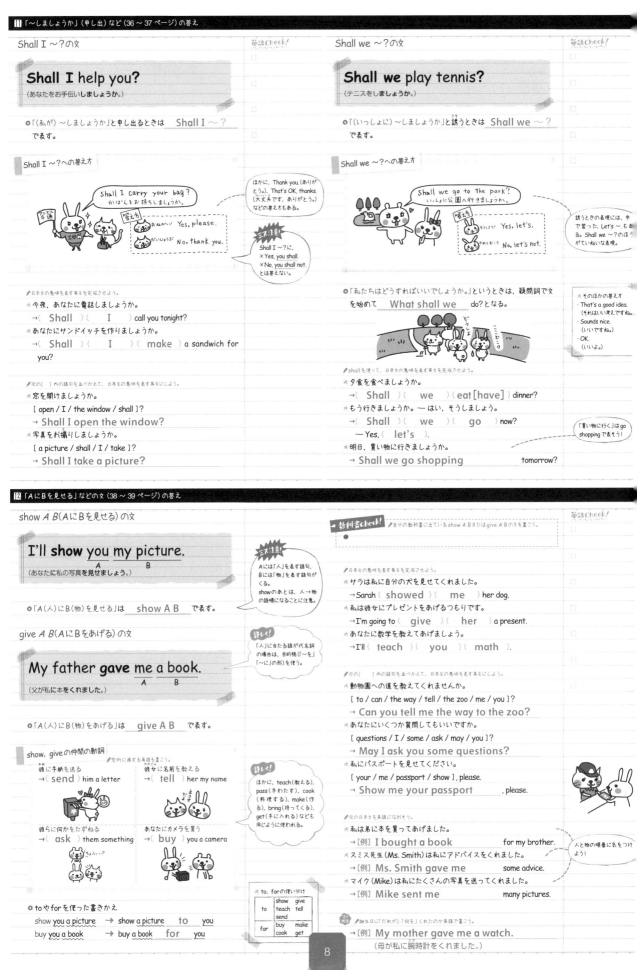

Shall I carry your bag?
かばんをお持ちしましょうか。

答え方
おねがい！ Yes, please.
だいじょうぶ No, thank you.

ほかに、Thank you.（ありがとう）。That's OK, thanks.（大丈夫です、ありがとう。）などの答えもある。

ミス注意！
Shall I 〜?に、
×Yes, you shall.
×No, you shall not.
とは答えない。

✎日本文の意味を表す英文を完成させよう。
★今夜、あなたに電話しましょうか。
→（ Shall ）（ I ）call you tonight?
★あなたにサンドイッチを作りましょうか。
→（ Shall ）（ I ）（ make ）a sandwich for you?

✎次の[ ]内の語句を並べかえて、日本文の意味を表す英文にしよう。
★窓を開けましょうか。
[open / I / the window / shall]?
→ Shall I open the window?
★写真をお撮りしましょうか。
[a picture / shall / I / take]?
→ Shall I take a picture?

Shall we 〜?の文　　　　　　　　　　　　単語Check!

Shall we play tennis?
（テニスをしましょうか。）

◎「（いっしょに）〜しましょうか」と誘うときは　Shall we 〜?　で表す。

Shall we 〜?への答え方

Shall we go to the park?
いっしょに公園へ行きましょうか。

答え方
そうしよう！ Yes, let's.
やめておこう No, let's not.

誘うときの表現には、中で習った、Let's 〜もある。Shall we 〜?のほうがていねいな表現。

◎「私たちはどうすればいいでしょうか。」というときは、疑問詞で文を始めて　What shall we　do?となる。

そのほかの答え方
・That's a good idea.（それはいい考えですね。）
・Sounds nice.（いいですね。）
・OK.（いいよ。）

✎shallを使って、日本文の意味を表す英文を完成させよう。
★夕食を食べましょうか。
→（ Shall ）（ we ）（ eat [have] ）dinner?
★もう行きましょうか。— はい、そうしましょう。
→（ Shall ）（ we ）（ go ）now?
— Yes,（ let's ）.
★明日、買い物に行きましょうか。
→ Shall we go shopping　　　　tomorrow?

「買い物に行く」は go shopping で表そう！

---

show A B（AにBを見せる）の文

I'll show you my picture.
　　　　　　A　　B
（あなたに私の写真を見せましょう。）

ミス注意！
Aには「人」を表す語句、Bには「物」を表す語句がくる。showのあとは、人→物の語順になることに注意。

◎「A（人）にB（物）を見せる」は　show A B　で表す。

give A B（AにBをあげる）の文

My father gave me a book.
　　　　　　　　　A　B
（父が私に本をくれました。）

詳しく！
「人」に当たる語が代名詞の場合は、目的格（「〜を」「〜に」の形）を使う。

◎「A（人）にB（物）をあげる」は　give A B　で表す。

show, giveの仲間の動詞

✎空所に適する英語を書こう。

彼に手紙を送る
→（ send ）him a letter

彼女に名前を教える
→（ tell ）her my name

彼らに何かをたずねる
→（ ask ）them something

あなたにカメラを買う
→（ buy ）you a camera

詳しく！
ほかに、teach（教える）、pass（手わたす）、cook（料理する）、make（作る）、bring（持ってくる）、get（手に入れる）なども同じように使われる。

◎ toやforを使った書きかえ
show you a picture　→ show a picture　to　you
buy you a book　→ buy a book　for　you

● 教科書check!　✎自分の教科書に出ているshow A Bまたはgive A Bの文を書こう。

●

✎日本文の意味を表す英文を完成させよう。
★サラは私に自分の犬を見せてくれました。
→Sarah（ showed ）（ me ）her dog.
★私は彼女にプレゼントをあげるつもりです。
→I'm going to（ give ）（ her ）a present.
★あなたに数学を教えてあげましょう。
→I'll（ teach ）（ you ）（ math ）.

✎次の[ ]内の語句を並べかえて、日本文の意味を表す英文にしよう。
★動物園への道を教えてくれませんか。
[to / can / the way / tell / the zoo / me / you]?
→ Can you tell me the way to the zoo?
★あなたにいくつか質問してもいいですか。
[questions / I / some / ask / may / you]?
→ May I ask you some questions?
★私にパスポートを見せてください。
[your / me / passport / show], please.
→ Show me your passport　　　, please.

✎次の日本文を英語になおそう。
★私は弟に本を買ってあげました。
→[例] I bought a book　　　for my brother.
★スミス先生（Ms. Smith）は私にアドバイスをくれました。
→[例] Ms. Smith gave me　　　some advice.
★マイク（Mike）は私にたくさんの写真を送ってくれました。
→[例] Mike sent me　　　many pictures.

人と物の順番に気をつけよう！

to, forの使い分け		
to	show　give teach　tell send	
for	buy　make cook　get	

✎誕生日に「だれが」「何を」くれたのか英語で言おう。
→[例] My mother gave me a watch.
（母が私に腕時計をくれました。）

call A B（AをBと呼ぶ）の文

We **call** it *furoshiki*.
A　　B

（私たちはそれをふろしきと呼びます。）

> この文では、it = furoshiki の関係が成り立っている。Bには、呼び名をあらわす名詞がくる。

◎「AをBと呼ぶ」は **call A B** であらわす。

◎Aに当たる語が代名詞のときは目的格の形にする。
「彼を」なら **him** ，「彼女を」なら **her** とする。

> このAは目的語、Bは補語であらわされる。補語には、名詞がくる。

name A B（AをBと名づける）の文など

We **named** the dog Ann.
　　　　　　A　　　B
（私たちはその犬をアンと名づけました。）

This song **makes** me happy.
　　　　　　　　A　　B
（この歌は私をうれしくさせます。）

◎「AをBと名づける」は **name A B** であらわす。
◎「AをBにする」は **make A B** であらわす。

> このnameは動詞。「名前」という意味で名詞としても使う。
> ・Her name is Ann.
> （彼女の名前はアンです。）

あとにA（目的語）, B（補語）が続く動詞

I call her Kumako.
（私は彼女をクマコと呼びます。）

They named the baby Taro.
（彼らはその赤ちゃんを太郎と名づけました。）

This book made him famous.
（この本は彼を有名にしました。）

> 補語のBには、happy（幸せな）などの感情をあらわす形容詞や、popular（人気のある）, famous（有名な）などの形容詞がよくくる。

単語Check!

いろいろな文型の整理

空所に通する英語を書こう。

「〜に見える」などの文
ルーシーの自転車は古そうに見えます。
Lucy's bike (**looks**) old.

「A（人）にB（物）を見せる」などの文
私はルーシーに自転車をあげるつもりです。
I'm going to (**give**) Lucy a bike.

「AをBにする」などの文
その知らせはルーシーをうれしくさせました。
That news (**made**) Lucy happy.

> これらの文型のちがいをおさえておこう！

日本文の意味をあらわす英文を完成させよう。

★ 私のことはサムと呼んでください。
→Please (**call**) (**me**) Sam.

★ この歌が彼らを人気者にしました。
→ This song (**made**) (**them**) popular.

> 自己紹介をするときに使う表現。

次の[ ]内の語を並べかえて、日本文の意味をあらわす英文にしよう。

★ 彼女は自分の鳥をピコ（Piko）と名づけました。
[she / her / named / Piko / bird].
→ She named her bird Piko.

★ 彼の言葉は私を悲しくさせました。
[made / his / me / words / sad].
→ His words made me sad.

★ 私たちはこの花をアサガオと呼びます。
[this / call / *asagao* / we / flower].
→ We call this flower *asagao*.

単語Check!

あなたの友達はあなたのことを何と呼ぶのかを、英語で書こう。

→[例] My friends call me Masa.
（友達は私のことをマサと呼びます。）

There is [are] 〜.の文

There is a big park in my town.
（私の町には大きな公園があります。）

There are some parks in my town.
（私の町には公園がいくつかあります。）

> There is/There areに続く名詞がこの文の主語。

◎「〜があります」というとき、
主語が単数なら **There is** 〜. で、
主語が複数なら **There are** 〜. であらわす。

> **詳しく!**
> 「〜がありました」という過去の文は、There was 〜. / There were 〜. となる。
> 門 年前ここに大きな木がありました。
> There was a big tree here five years ago.

教科書check! 自分の教科書に出ているThere is [are] 〜.の文を書こう。

・
・

日本文の意味をあらわす英文を完成させよう。

★ いすの下にねこが1匹います。
→ (**There**) (**is**) a cat under the chair.

★ 箱の中に本が3冊あります。
→ (**There**) (**are**) three books in the box.

★ この近くには書店が1軒ありました。
→ (**There**) (**was**) a bookstore near here.

単語Check!

There is [are] 〜.の否定文

There is not a book on the desk.
（机の上に本はありません。）

> 過去の文なら、There was not 〜. / There were not 〜.となるよ。

◎「〜がありません」は、isやareのあとに **not** を入れる。

◎「〜が1つもありません」は、There are not any 〜.のほかに
There are no 〜. でも表せる。

次の[ ]内の語句を並べかえて、日本文の意味をあらわす文にしよう。

★ 窓のそばにピアノはありません。
[not / a piano / the window / there / by / is].
→ There is not a piano by the window.

★ 空には雲が1つもありませんでした。
[clouds / any / were / in / there / the sky / not].
→ There were not any clouds in the sky.

There is [are] 〜.の疑問文

Are there any restaurants near here?
（この近くにレストランはありますか。）

— Yes, there are. ／ No, there aren't.
（はい、あります。／いいえ、ありません。）

> 過去の文なら、
> Was there 〜? / Were there 〜?となるよ。

◎「〜がありますか」とたずねるとき、
主語が単数なら **Is there** 〜? で、
主語が複数なら **Are there** 〜? であらわす。

◎答え方…「はい」ならYes, there is [are]. で、
「いいえ」ならNo, there is [are] not. で答える。

日本文の意味をあらわす英文を完成させよう。

★ 壁に写真がありますか。—はい、あります。
→ (**Is**) (**there**) a picture (**on**) the wall?
— Yes, (**there**) (**is**).

> **詳しく!**
> 「いくつ〜がありますか」と数をたずねるときは、How manyを使う。
> 「このクラスに生徒は何人いますか」
> How many students are there in this class?

次の日本文を英文になおそう。

★ この動物園にパンダは何頭かいますか。—いいえ、いません。
→[例] Are there any pandas in this zoo?
— No, there aren't[are not].

★ 木の下に人は何人いますか。
→[例] How many people are there under the tree?

「～するために」の意味を表す〈to＋動詞の原形〉

I went to the zoo **to see** a panda.
〈私はパンダを見るために動物園へ行きました。〉

〈to＋動詞の原形〉は「不定詞」とも呼ばれる。

●「～するために」のように動作の目的を言うときは、（ to ）のあとに動詞の原形を続けて表す。

〈to＋動詞の原形〉をつけることで、「動作の目的」という情報をつけ加えている。このような使い方を「副詞的用法」と呼ぶ。

目的を表す〈to＋動詞の原形〉　空所に適する英語を書こう。

We came here.
（私たちはここに来ました。）

We came here（ to ）（ dance ）.
（私たちはダンスをするためにここに来ました。）

教科書check!　自分の教科書に出ている「～するために」の文を書こう。
●

日本文の意味を表す英文を完成させよう。

★私は勉強するために図書館へ行きました。
→I（ went ）to the library（ to ）（ study ）.

★トムは本を読むためにコンピューターを使います。
→Tom（ uses ）a computer（ to ）（ read ）books.

次の［　］内の語句を並べかえて、日本文の意味を表す英文にしよう。

★彼女は朝食を作るために早く起きました。
[make / got up / to / breakfast / she / early].
→ She got up early to make breakfast.

★健は獣医（a vet）になるために熱心に勉強しました。
[a vet / to / Ken / hard / be / studied].
→ Ken studied hard to be a vet.

ミス注意!　〈to＋動詞の原形〉の文では、主語が3人称単数のときでも、過去の文のときでも、toのあとの動詞はいつでも原形を使う。
✕ Judy comes here to swims.
✕ Judy came here to swam.

Why ～?の文への答え方

● Why ～?（なぜ～ですか）の問いに、「～するためです」と目的を答えるときは、（ To ）のあとに動詞の原形を続ける。

To～.を使った目的の答え方　空所に適する英語を書こう。

Why are you here?
（なぜここにいるの?）
―（ To ）（ see ）you.
（あなたに会うためです。）

日本文の意味を表す英文を完成させよう。

★彼女はなぜ熱心に勉強するのですか。―試験に合格するためです。
→（ Why ）does she study hard?
―（ To ）（ pass ）the exam.

★あなたはなぜ沖縄へ行ったのですか。―泳ぎに行くためです。
→（ Why ）did you go to Okinawa?
―（ To ）（ go ）swimming.

Why ～?の問いに「なぜ～」と理由を答えるときは、Because ～.を使う。→p.61
・Why did you go to the hospital?
（あなたはなぜ病院へ行ったのですか。）
― Because I was sick.
（なぜなら、病気だったらです。）

「～してうれしい」の意味を表す〈to＋動詞の原形〉
●「私は～してうれしい」のように感情の原因や理由を言うときは、I'm happy [glad] to ～. で表す。
●〈to＋動詞の原形〉があとに続く形容詞

・be glad to ～　　　　　・be sad to ～
（～してうれしい）　　　（～して悲しい）
・be surprised to ～　　・be sorry to ～
（～して驚く）　　　　　（～して残念に思う）

形容詞のあとに〈to＋動詞の原形〉を続ける。

日本文の意味を表す英文を完成させよう。

★私はあなたに会えてうれしいです。
→I'm（ happy [glad] ）（ to ）meet you.

★彼女はそれを聞いて残念に思いました。
→She was（ sorry ）（ to ）（ hear ）that.

「～すること」の意味を表す〈to＋動詞の原形〉

I want to play soccer.（私はサッカーをしたいです。）
I like to play soccer.（私はサッカーをするのが好きです。）

「～することを欲する」→「～したい」という意味になる。

●「～したい」は（ want to ）のあとに動詞の原形を、
「～するのが好き」は（ like to ）のあとに動詞の原形を続ける。

名詞的用法で使われるおもな動詞　空所に適する英語を書こう。

He（ wants ）（ to ）be a singer.
（彼は歌手になりたがっています。）

〈to＋動詞の原形〉が動詞の目的語になっていて、名詞と同じような働きをしている。このような使い方を「名詞的用法」と呼ぶ。

I（ hope ）（ to ）see him soon.
（私は早く彼に会いたいと思っています。）
［会うことを望みます］

「～になりたい」は、ふつう want to be ～で表す。

It（ started ）（ to ）snow.→began toでもよい。
（雪が降り始めました。）

We（ need ）（ to ）think about this problem.
（私たちはこの問題について考える必要があります。）

My grandmother（ likes ）（ to ）cook.
（私の祖母は料理をすることが好きです。）

教科書check!　自分の教科書に出ている「～すること」の文を書こう。
●

日本文の意味を表す英文を完成させよう。

★リサは教師になりたがっています。
→Lisa（ wants ）（ to ）（ be ）a teacher.

★私は買い物に行くのが好きです。
→I（ like ）（ to ）（ go ）shopping.

★彼らは英語を勉強する必要があります。
→They（ need ）（ to ）（ study ）English.

次の［　］内の語句を並べかえて、日本文の意味を表す英文にしよう。

★私は医師として働くことを望んでいます。
[hope / as / to / a doctor / work / I].
→ I hope to work as a doctor.

★彼の夢は海外で勉強することです。
[dream / to / abroad / his / is / study].
→ His dream is to study abroad.

★あなたは何を食べたいですか。
[want / do / eat / to / you / what]?
→ What do you want to eat?

〈to＋動詞の原形〉は、動詞のあとにきて文の補語になることもある。

次の日本文を英語になおそう。

★あなたは音楽を聞くのが好きですか。
→ [例] Do you like to listen to music?

★彼らはピアノをひきたがっていました。
→ [例] They wanted to play the piano.

次の質問に、自分自身の答えを英語で書こう。

What do you want to be in the future?
（あなたは将来、何になりたいですか。）
→ [例] I want to be a nurse.
（私は看護師になりたいです。）

～するための」の意味を表す〈to＋動詞の原形〉

詳しく！
〈to＋動詞の原形〉が名詞や代名詞を後ろから修飾していて、形容詞と同じような働きをしている。このような使い方を「形容詞的用法」と呼ぶ。

I have a lot of things **to do.**
（私にはするべきことがたくさんあります。）

Misa needs something **to eat.**
（美沙は何か食べる物を必要としています。）

◎「～するための…」「～するべき…」は、名詞のすぐあとに
　 to ＋動詞の原形 を続ける。

〈to＋動詞の原形〉は名詞以外にsomethingなどの代名詞も後ろから修飾する。

◎「～するための何か」「何か～するためのもの」は、
　 something のあとに to＋動詞の原形 を続ける。

（代）名詞を後ろから修飾する〈to＋動詞の原形〉

time to study
（勉強する時間）

a chance to go abroad
（海外へ行く機会）

friends to talk with
（話をする友達）

something to read
（何か読む物）

単語Check！

日本文の意味を表す英文を完成させよう。

★彼は夕食を食べる時間がありませんでした。
→He had no （ time ）（ to ）（ eat [have] ） dinner.

★私は何か飲む物がほしいです。
→I want （ something ）（ to ）（ drink ）.

★奈良には訪れるべき場所がたくさんあります。
→There are a lot of （ places ）（ to ）（ visit ） in Nara.

次の［　］内の語句を並べかえて、日本文の意味を表す英文にしよう。

★私は昨日、何もすることがありませんでした。
I ［ nothing / to / yesterday / had / do ］.
→I　had nothing to do yesterday

★私は電車で読むための本がほしいです。
［ read / I / a book / to / on the train / want ］.
→ I want a book to read on the train.

〈to＋動詞の原形〉の整理

空所に適する英語を書こう。

用法	意味	例文
副詞的用法	「～するために」（動作の目的を表す）	I went to the sea （ to ）（ swim ）.（私は泳ぐために海へ行きました。）
副詞的用法	「～してうれしい」など（感情の原因や理由を表す）	I was 〈happy [glad]〉（ to ） win the game.（私は試合に勝ってうれしかったです。）
名詞的用法	「～すること」（動詞の目的語になる）	I （ like ）（ to ）（ watch ） TV.（私はテレビを見るのが好きです。）
形容詞的用法	「～するための」（（代）名詞を後ろから修飾する）	I had no （ time ）（ to ） sleep.（私は寝る時間がありませんでした。）

I'm happyを使って、相手に会えてうれしいと伝える英文を書こう。
→［例］I'm happy to meet [see] you.
（私はあなたにお会いできてうれしいです。）

「会う」は、初対面の人ならmeet、知っている人ならseeを使うよ。

like toを使って、自分の好きなことを伝える英文を書こう。
→［例］I like to take pictures.
（私は写真を撮ることが好きです。）

友達に会う日、何かするべきことがあるかをたずねる英文を書こう。
→［例］Do you have anything to do　today?
（あなたは今日、何かするべきことがありますか。）

否定文や疑問文では、ふつうanythingが使われる。

It is … to ～.の文

It is easy **to speak** English.
（英語を話すことは簡単です。）

詳しく！
このitには「それは」という意味はない。あとの〈to＋動詞の原形〉の代わりに「とりあえず」の主語として使われている。

◎「～することは…です」と言うときは It を主語にして、
　 to ＋動詞の原形 を後ろに続け、It is＝形容詞＋to＋動詞の原形 .の形で表す。

名詞がくることもある

◎過去のことを言うときは、isではなく、 was を使う。

◎「一にとって」と言うときは、〈to＋動詞の原形〉の前に、
　 for ＋人 を入れる。

教科書Check！
自分の教科書に出ているIt is ～ to ～.の文を書こう。
●

単語Check！

日本語の意味を表す英文を完成させよう。

★歴史を学ぶことは興味深いです。
→（ It ）is interesting（ to ）（ learn ）history.

★この問題を解くことは難しかった。
→（ It ）（ was ）difficult（ to ）answer
this question.

★この本を読むことは私には簡単です。
→It's easy（ for ）（ me ）to read this book.

注意
「～にとって」と言うとき、「人」を表す語が代名詞のときは、me, him, herなどの目的格の形を使う。

次の［　］内の語句を並べかえて、日本文の意味を表す英文にしよう。

★お互いを理解することは大切です。
［ to / each other / is / important / understand / it ］.
→ It is important to understand each other.

★あなたがたはくつを持ってくる必要はありません。
［ necessary / it / to / for you / isn't / bring ］ your shoes.
→ It isn't necessary for you to bring　your shoes.

how to ～などの文

I don't know **how to use** this machine.
（私はこの機械の使い方がわかりません。）

詳しく！
knowやtellなどの動詞のあとでよく使われる

◎「～のしかた」「～する方法」と言うときは how to のあとに
　動詞の原形を続ける。

いろいろな〈疑問詞＋to〉

空所に適する英語を書こう。

I asked（ what ）（ to ）（ do ）next.
（私は次に何をすればよいかたずねました。）

Please tell me（ where ）（ to ）（ buy ）
a ticket.
（どこで切符を買えばよいか教えてください。）

I can't decide（ which ）（ to ）（ choose ）.
（私はどちらを選べばよいか決められません。）

日本語の意味を表す英文を完成させよう。

★駅への行き方を教えてくれますか。
→Can you tell me（ how ）（ to ）（ get ）
to the station?

道をたずねるときによく使われる表現。

★私たちは彼女に何と言えばよいかわかりませんでした。
→We didn't know（ what ）（ to ）（ say ）to her.

次の［　］内の語を並べかえて、日本文の意味を表す英文にしよう。

★泳ぎ方を教えて。Please ［ swim / teach / to / me / how ］.
→Please　teach me how to swim

★彼らはどこへ行けばよいかわかりませんでした。
［ didn't / go / where / know / they / to ］.
→ They didn't know where to go.

「〜すること」の意味を表す動詞のing形

I enjoyed talking with John.
（私はジョンとおしゃべりをするのを楽しみました。）

> 動詞のing形も動詞の目的語になる。この動詞のing形を「動名詞」と呼ぶ。

> 進行形で使った動詞のing形と形は同じ。→p.17

（1）目的語になる動名詞

◦「〜すること」は、動詞のing形でも表せる。

◦「英語を勉強することが好きだ」は、like studying English。

動名詞を目的語にとるおもな動詞			
歌うのが楽しい	enjoy singing	泳ぐのが好きだ	like swimming
そうじを終える	finish cleaning	勉強し始める	start studying
雨が降りやむ	stop raining	話し始める	begin talking

> **詳しく！**
> 動名詞は、前置詞の目的語としても使われる。
> 「私はテニスをすることが得意です。」
> ○I'm good at playing tennis.
>   前置詞
> ×I'm good at play tennis.

 教科書Check！ ✐自分の教科書に出ている動名詞の文を書こう。

✐日本文の意味を表す英文を完成させよう。
★彼はバスケットボールをするのが好きです。
→He（ likes ）（ playing ）basketball.
★あなたたちは音楽を聞いて楽しみましたか。
→Did you（ enjoy ）（ listening ）to music?
★私は車を洗い終わりました。
→I（ finished ）（ washing ）the car.

（2）主語になる動名詞

◦「英語を使うことは大切です。」は動名詞を主語にして、
Using English is important.と表せる。
動名詞の主語は3人称単数あつかい

目的語になる動名詞	I like reading books. （私は本を読むのが好きです。）
	動名詞が動詞likeの目的語
文の主語になる動名詞	Reading books is interesting. （本を読むことはおもしろいです。）
	動名詞が文の主語

単語Check！

✐次の[ ]内の語を並べかえて、日本文の意味を表す英文にしよう。
★英語を勉強することは難しい。
[English / is / difficult / studying].
→ Studying English is difficult.
★友達と話すことはとても楽しい。
[is / with / a lot of / friends / talking / fun].
→ Talking with friends is a lot of fun.

動名詞と〈to＋動詞の原形〉の使い分け

目的語に動名詞をとるか、〈to＋動詞の原形〉をとるかは、動詞で決まる。

動名詞だけ		〈to＋動詞の原形〉だけ	
〜して楽しむ	（ enjoy ）〜ing	〜したい	（ want ）to〜
〜し終える	（ finish ）〜ing	〜することを望む	（ hope ）to〜
〜するのをやめる	（ stop ）〜ing	〜しようと決める	（ decide ）to〜

> 両方ともOKな動詞もある。
> 「〜するのが好きだ」
> →like to〜、like〜ing
> 「〜し始める」
> →start to〜、start〜ing
> →begin to〜、begin〜ing

✐次の日本文を英語になおそう。
★彼女はテレビを見るのをやめました。
→ [例] She stopped watching TV.
★あなたはブラジルに行きたいですか。
→ [例] Do you want to go to Brazil?
★私はこの本を読み終えました。
→ [例] I finished reading this book.

> **ミス注意！**
> She stopped to watch TV.は
> 「彼女はテレビを見るために立ち止まった。」という意味になる。

「〜と思う」の文

I think （ that ）he is kind.
（私は彼は親切だと思います。）

> このthatは「〜ということ」という意味で、that以下が動詞thinkの目的語になっている。

◦「私は〜と思います」は、 I think that 〜. で表す。
◦このthatは2つの文を結びつける接続詞で、よく省略される。

> 「あれ」という意味のthat（代名詞）とは使い方がちがう。

think（that）〜の文 ✐空所に適する英語を書こう。

単語Check！
✐教科書に出ている接続詞that
その意味を書こう。

Ken（ thinks ）（ that ）this book is easy.
（健は、この本はやさしいと思っています。）

I（ think ）（ it ）will rain tomorrow.
（私は、明日は雨が降ると思います。）

 教科書Check！ ✐自分の教科書に出ている接続詞thatの文を書こう。
●

> 接続詞のthatはあってもなくても意味は同じ。

✐日本文の意味を表す英文を完成させよう。
★私は、トムはすぐに来ると思います。
→（ I ）（ think ）（ that ）Tom will come soon.
★サラは、田中先生はいい教師だと思っています。
→Sarah（ thinks ）（ that ）Mr. Tanaka is a good teacher.
★私たちは、彼は泳げると思います。
→（ We ）（ think ）（ he ）can swim.

> 「私たちは、彼は泳げないと思います。」は、ふつう、We don't think（that）he can swim.とする。We think（that）he can't swim.とはあまり言わない。

✐次の[ ]内の語を並べかえて、日本文の意味を表す英文にしよう。
★私は、彼女は中国語を上手に話せると思います。
[that / she / Chinese / think / speak / I / can / well].
→ I think that she can speak Chinese well.
★彼は、この映画はおもしろいと思っています。
[interesting / movie / he / is / thinks / this].
→ He thinks this movie is interesting.

> **詳しく！**
> thinkが過去形のときは、thatのあとの動詞もふつう過去形にする。
> I think that Beth is tired.
> ↓
> I thought that Beth was tired.
> （私は、ベスは疲れていると思いました。）

あとに接続詞thatが続く動詞

接続詞thatが続くおもな動詞など ✐空所に適する英語を書こう。

I（think）（that）		私は、彼は元気だと思います。
I（know）（that）	he is fine.	私は、彼は元気だと知っています。
I（hope）（that）		私は、彼は元気だといいなと思います。
They（ say ）（that）		彼らは、彼は元気だと言っています。

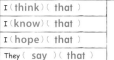

✐日本文の意味を表す英文を完成させよう。
★私は、あなたに早く会えることを願っています。
→I（ hope ）（ I ）can see you soon.
★彼女は、この問題はやさしいと言っています。
→She（ says ）（ this ）question is easy.
★私は、彼がこの町に住んでいることを知っています。
→I（ know ）（ that ）he lives in this town.

単語Check！

✐次の日本文を英語になおそう。
★あなたは、英語は簡単だと思いますか。
→ [例] Do you think （that）English is easy?

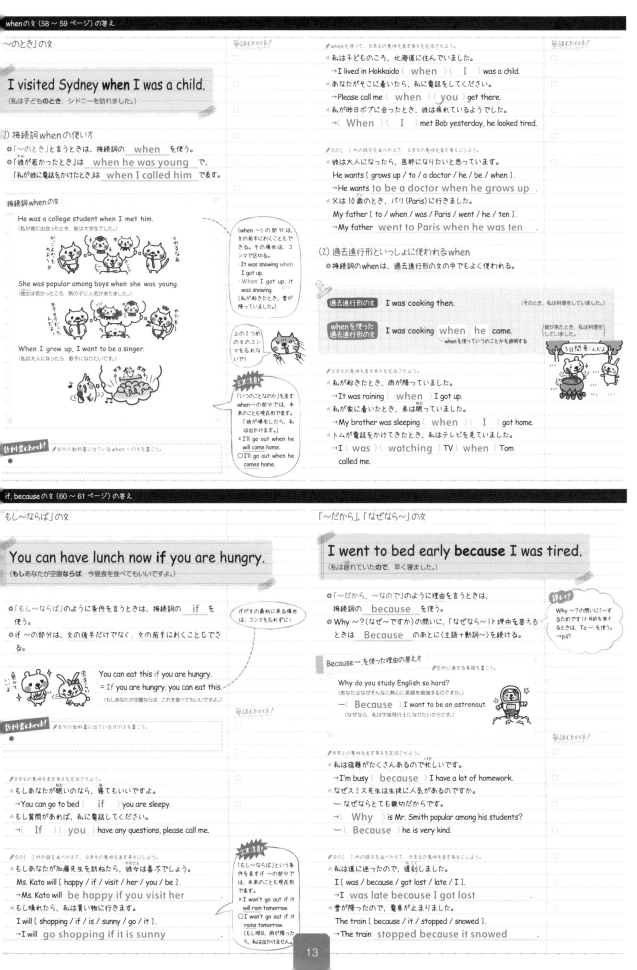

「～のとき」の文

単語Check!

I visited Sydney **when** I was a child.
(私は子どものとき，シドニーを訪れました。)

1) 接続詞whenの使い方
● 「～のとき」と言うときは，接続詞の　when　を使う。
● 「彼が若かったとき」は　when he was young　で，
「私が彼に電話をかけたとき」は　when I called him　です。

接続詞whenの文

He was a college student when I met him.
(私が彼に出会ったとき，彼は大学生でした。)

She was popular among boys when she was young.
(彼女は若かったころ，男の子に人気がありました。)

When I grow up, I want to be a singer.
(私は大人になったら，歌手になりたいです。)

(when ～) の部分は，文の前半におくこともできる。その場合は，コンマで区切る。
・It was snowing when I got up.
・When I got up, it was snowing.
(私が起きたとき，雪が降っていました。)

上の2つ目の文の2つ目のコンマを忘れないで!

ミス注意!
「いつのことなのか」を表すwhen～の部分では，未来のことも現在形で表す。
「彼が帰宅したら，私は出かけます。」
×I'll go out when he will come home.
○I'll go out when he comes home.

教科書check!
● 自分の教科書に出ているwhen～の文を書こう。

whenを使って，日本文の意味を表す英文を完成させよう。
★私は子どものころ，北海道に住んでいました。
→I lived in Hokkaido (when)(I) was a child.
★あなたがそこに着いたら，私に電話をしてください。
→Please call me (when)(you) get there.
★私が昨日ボブに会ったとき，彼は疲れているようでした。
→(When)(I) met Bob yesterday, he looked tired.

次の[ ]内の語句を並べかえて，日本文の意味を表す英文にしよう。
★彼は大人になったら，医師になりたいと思っています。
He wants [grows up / to / a doctor / he / be / when].
→He wants to be a doctor when he grows up.
★父は10歳のとき，パリ (Paris) に行きました。
My father [to / when / was / Paris / went / he / ten].
→My father went to Paris when he was ten.

(2) 過去進行形といっしょに使われるwhen
● 接続詞のwhenは，過去進行形の文の中でもよく使われる。

過去進行形の文　I was cooking then. (そのとき，私は料理をしていました。)

whenを使った過去進行形の文　I was cooking when he came. (彼が来たとき，私は料理をしていました。)
whenを使っていつのことかを説明する

3日間煮こんだよ

日本文の意味を表す英文を完成させよう。
★私が起きたとき，雨が降っていました。
→It was raining (when) I got up.
★私が家に着いたとき，弟は眠っていました。
→My brother was sleeping (when)(I) got home.
★トムが電話をかけてきたとき，私はテレビを見ていました。
→I (was)(watching) TV (when) Tom called me.

「もし～ならば」の文

You can have lunch now **if** you are hungry.
(もしあなたが空腹ならば，今昼食を食べてもいいですよ。)

● 「もし～ならば」のように条件を言うときは，接続詞の　if　を使う。
● if ～の部分は，文の後半だけでなく，文の前半におくこともできる。

You can eat this if you are hungry.
= If you are hungry, you can eat this.
(もしあなたが空腹ならば，これを食べてもいいですよ。)

ifが文の最初に来る場合は，コンマを忘れずに!

教科書check!
● 自分の教科書に出ているifの文を書こう。

単語Check!

日本文の意味を表す英文を完成させよう。
★もしあなたが眠いのなら，寝てもいいですよ。
→You can go to bed (if) you are sleepy.
★もし質問があれば，私に電話してください。
→(If)(you) have any questions, please call me.

次の[ ]内の語を並べかえて，日本文の意味を表す英文にしよう。
★もしあなたが加藤先生を訪ねたら，彼女は喜ぶでしょう。
Ms. Kato will [happy / if / visit / her / you / be].
→Ms. Kato will be happy if you visit her
★もし晴れたら，私は買い物に行きます。
I will [shopping / if / is / sunny / go / it].
→I will go shopping if it is sunny

ミス注意!
「もし～ならば」という条件を表すif ～の部分では，未来のことも現在形で表す。
×I won't go out if it will rain tomorrow.
○I won't go out if it rains tomorrow.
(もし明日，雨が降ったら，私は出かけません。)

「～だから」，「なぜなら～」の文

I went to bed early **because** I was tired.
(私は疲れていたので，早く寝ました。)

● 「～だから，～なので」のように理由を言うときは，接続詞の　because　を使う。
● Why ～?(なぜ～ですか)の問いに，「なぜなら～」と理由を答えるときは　Because　のあとに〈主語＋動詞～〉を続ける。

話そう!
Why ～?の問いに「～するためです」と目的を答えるときは，To ～.を使う。
→p.17

Because ～.を使った理由の答え方
空所に適する英語を書こう。
Why do you study English so hard?
(あなたはなぜそんなに熱心に英語を勉強するのですか。)
—(Because) I want to be an astronaut.
(なぜなら，私は宇宙飛行士になりたいからです。)

単語Check!

日本文の意味を表す英文を完成させよう。
★私は宿題がたくさんあるので忙しいです。
→I'm busy (because) I have a lot of homework.
★なぜスミス先生は生徒に人気があるのですか。
— なぜならとても親切だからです。
→(Why) is Mr. Smith popular among his students?
—(Because) he is very kind.

次の[ ]内の語句を並べかえて，日本文の意味を表す英文にしよう。
★私は道に迷ったので，遅刻しました。
I [was / because / got lost / late / I].
→I was late because I got lost
★雪が降ったので，電車が止まりました。
The train [because / it / stopped / snowed].
→The train stopped because it snowed

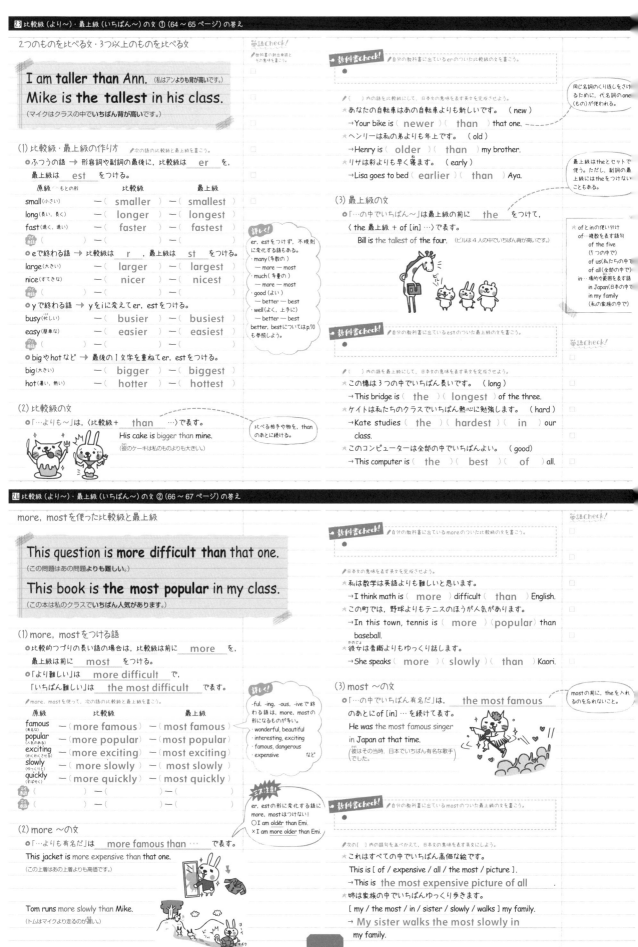

2つのものを比べる文・3つ以上のものを比べる文

I am taller than Ann. （私はアンよりも背が高いです。）

Mike is the tallest in his class.
（マイクはクラスの中でいちばん背が高いです。）

(1) 比較級・最上級の作り方　次の語の比較級と最上級を書こう。

◎ふつうの語 → 形容詞や副詞の最後に、比較級は ___er___ を、
最上級は ___est___ をつける。

原級（もとの形）	比較級	最上級
small（小さい）	—（ smaller ）	—（ smallest ）
long（長い、長く）	—（ longer ）	—（ longest ）
fast（速く、速い）	—（ faster ）	—（ fastest ）

◎eで終わる語 → 比較級は ___r___ ，最上級は ___st___ をつける。

large（大きい）	—（ larger ）	—（ largest ）
nice（すてきな）	—（ nicer ）	—（ nicest ）
（ ）	—（ ）	—（ ）

◎yで終わる語 → yをiに変えてer, estをつける。

busy（忙しい）	—（ busier ）	—（ busiest ）
easy（簡単な）	—（ easier ）	—（ easiest ）
（ ）	—（ ）	—（ ）

◎bigやhotなど → 最後の1文字を重ねてer, estをつける。

big（大きい）	—（ bigger ）	—（ biggest ）
hot（暑い、熱い）	—（ hotter ）	—（ hottest ）

詳しく！ er, estをつけず、不規則に変化する語もある。
・many（多数の）
　— more — most
・much（多量の）
　— more — most
・good（よい）
　— better — best
・well（よく、上手に）
　— better — best
better, bestについてはp.70も参照しよう。

(2) 比較級の文

◎「…よりも～」は、〈比較級＋ than …〉で表す。

His cake is bigger than mine.
（彼のケーキは私のものよりも大きい。）

比べる相手や物を、thanのあとに続ける。

単語Check! 教科書の新出単語と
その意味を書こう。

教科書Check! ▶自分の教科書に出ているerのついた比較級の文を書こう。
●

▶（　）内の語を比較級にして、日本文の意味を表す英文を完成させよう。
★ あなたの自転車はあの自転車よりも新しいです。（ new ）
→Your bike is （ newer ）（ than ） that one.
★ ヘンリーは私の弟よりも年上です。（ old ）
→Henry is （ older ）（ than ） my brother.
★ リサは彩よりも早く寝ます。（ early ）
→Lisa goes to bed （ earlier ）（ than ） Aya.

同じ名詞のくり返しをさけるために、代名詞のone（もの）が使われる。

(3) 最上級の文

◎「…の中でいちばん～」は最上級の前に ___the___ をつけて、〈 the 最上級 ＋ of [in] …〉で表す。
Bill is the tallest of the four. （ビルは4人の中でいちばん背が高いです。）

最上級はtheとセットで使う。ただし、副詞の最上級にはtheをつけないこともある。

★ of と in の使い分け
of…複数を表す語句
　of the five
　（5つの中で）
　of us（私たちの中で）
　of all（全部の中で）
in…場所や範囲を表す語句
　in Japan（日本の中で）
　in my family
　（私の家族の中で）

教科書Check! ▶自分の教科書に出ているestのついた最上級の文を書こう。
●

単語Check!

▶（　）内の語を最上級にして、日本文の意味を表す英文を完成させよう。
★ この橋は3つの中でいちばん長いです。（ long ）
→This bridge is （ the ）（ longest ） of the three.
★ ケイトは私たちのクラスでいちばん熱心に勉強します。（ hard ）
→Kate studies （ the ）（ hardest ）（ in ） our class.
★ このコンピューターは全部の中でいちばんよい。（ good ）
→This computer is （ the ）（ best ）（ of ） all.

more, most を使った比較級と最上級

This question is more difficult than that one.
（この問題はあの問題よりも難しい。）

This book is the most popular in my class.
（この本は私のクラスでいちばん人気があります。）

(1) more, most をつける語

◎比較的つづりの長い語の場合は、比較級は前に ___more___ を、
最上級は前に ___most___ をつける。

◎「より難しい」は ___more difficult___ で、
「いちばん難しい」は ___the most difficult___ で表す。

▶more, mostを使って、次の語の比較級と最上級を書こう。

原級	比較級	最上級
famous（有名な）	—（ more famous ）	—（ most famous ）
popular（人気のある）	—（ more popular ）	—（ most popular ）
exciting（わくわくさせる）	—（ more exciting ）	—（ most exciting ）
slowly（ゆっくりと）	—（ more slowly ）	—（ most slowly ）
quickly（すばやく）	—（ more quickly ）	—（ most quickly ）
（ ）	—（ ）	—（ ）
（ ）	—（ ）	—（ ）

詳しく！ -ful, -ing, -ous, -ive で終わる語は、more, mostの形になるものがある。
・wonderful, beautiful
・interesting, exciting
・famous, dangerous
・expensive　など

ミス注意！ er, estの形に変化する語にmore, mostはつけない
○I am older than Emi.
×I am more older than Emi.

(2) more ～の文

◎「…よりも有名だ」は ___more famous than___ … で表す。

This jacket is more expensive than that one.
（この上着はあの上着よりも高価です。）

Tom runs more slowly than Mike.
（トムはマイクより走るのが遅い。）

教科書Check! ▶自分の教科書に出ているmoreのついた比較級の文を書こう。
●

▶日本文の意味を表す英文を完成させよう。
★ 私は数学は英語よりも難しいと思います。
→I think math is （ more ） difficult （ than ） English.
★ この町では、野球よりもテニスのほうが人気があります。
→In this town, tennis is （ more ）（ popular ） than baseball.
★ 彼女は香織よりもゆっくり話します。
→She speaks （ more ）（ slowly ）（ than ） Kaori.

(3) most ～の文

◎「…の中でいちばん有名だ」は、 ___the most famous___ のあとに of [in] … を続けて表す。
He was the most famous singer in Japan at that time.
（彼はその当時、日本でいちばん有名な歌手でした。）

mostの前に、theを入れるのを忘れないこと。

教科書Check! ▶自分の教科書に出ているmostのついた最上級の文を書こう。
●

▶次の[　]内の語句を並べかえて、日本文の意味を表す英文にしよう。
★ これはすべての中でいちばん高価な絵です。
This is [of / expensive / all / the most / picture].
→This is the most expensive picture of all
★ 姉は家族の中でいちばんゆっくり歩きます。
[my / the most / in / sister / slowly / walks] my family.
→ My sister walks the most slowly in my family.

どちらのほうがより〜ですか」の文

Which is higher, Mt. Takao or Mt. Aso?
（高尾山と阿蘇山では，どちらのほうが高いですか。）

- AとBでは，どちらのほうがより〜ですか」とたずねるときは，
比較級を使う。
- AとBでは，どちらのほうが古いですか。」なら，
  Which is older ,A or B?でたずねる。
  比較級
- つづりの長い語はmoreを用いた比較級を使って，
  Which is more expensive,A or B?
  （AとBではどちらのほうが高価ですか）のようにたずねる。
Which is taller, this building or that one?
（このビルとあのビルではどちらのほうが高いですか）

詳しく！
「人」について，「どちらのほうがより〜ですか」とたずねるときは，ふつうWhoを使う。

「アントトムでは，どちらのほうが背が高いですか」
Who is taller, Ann or Tom?

▲日本文の意味を表す英文を完成させよう。
★カナダと中国では，どちらのほうが広いですか。
→(Which) is (larger), Canada or China?
★この本とあの本では，どちらのほうがおもしろいですか。
→(Which) is (more) (interesting),
  this book or that one?
★健太とエミリーでは，どちらのほうが年上ですか。 — 健太です。
→(Who) is (older), Kenta or Emily?
  — Kenta (is).
★あなたと美穂では，どちらのほうが速く走りますか。
  — 美穂です。
→(Who) (runs) (faster), you or Miho?
  — Miho (does).

「どれがいちばん〜ですか」の文

Which is the newest computer of all?
（全部の中で，どれがいちばん新しいコンピューターですか。）

- 「どれがいちばん〜ですか」とたずねるときは，最上級を使う。
- 「…の中でどれがいちばん古いですか。」なら，
  Which is the oldest of [in] …?でたずねる。
  最上級の前にtheをつける
- つづりの長い語はmostを用いた最上級を使って
  Which is the most expensive of [in] …?
  （…の中でどれがいちばん高価ですか。）のようにたずねる。
Which is the oldest book of the three?
（3冊の中でどれがいちばん古い本ですか）

▲日本文の意味を表す英文を完成させよう。
★3匹の中で，どれがいちばん大きい犬ですか。
→(Which) is (the) (biggest) dog of
  the three? └largestでもよい
★日本では，どの川がいちばん長いですか。
  — 信濃川です。
→Which river is (the) (longest) in Japan?
  — The Shinano River (is).

Whichのあとに名詞をおいて，Which ○○ is 〜?（どの○○が〜ですか）とたずねることもできる。

▲次の[ ]内の語句を並べかえて，日本文の意味を表す英文にしよう。
★3冊の中でいちばんおもしろい本はどれですか。
[the most / is / of / which / interesting book / the three]?
→ Which is the most interesting book of the three?

詳しく！
「人」について，「どれがいちばん〜ですか」とたずねるときは，ふつうWhoを使う。

「あなたのクラスの中でだれがいちばん背が高いですか。— 明です。」
Who is the tallest in your class?
— Akira is.

「〜のほうが好き」「〜がいちばん好き」の文

I like English better than science.
（私は理科よりも英語が好きです。）

I like soccer the best of all sports.
（私はすべてのスポーツの中でサッカーがいちばん好きです。）

- 「BよりもAのほうが好きだ」は，like A better than B，
「Aがいちばん好きだ」は，like A the best で表す。

「どちらのほうが好きですか」などの文

Which do you like better, English or math?
（あなたは，英語と数学ではどちらのほうが好きですか。）

Which season do you like the best?
（あなたは，どの季節がいちばん好きですか。）

- 「AとBではどちらのほうが好きですか」は，
  Which do you like better, A or B?で，
  「どの〜がいちばん好きですか」は，
  Which 〜 do you like the best ?でたずねる。

ミス注意！
日本語につられて，AとBの順序を逆にしないようにしよう。より好きなほうを先に言う。
「青よりも赤が好き」
× I like blue better than red.
○ I like red better than blue.

詳しく！
決まった選択肢がないときは，Whichの代わりにWhatを使ってたずねる。

What sport do you like the best?
（あなたは何のスポーツがいちばん好きですか）

▲日本文の意味を表す英文を完成させよう。
★私はすべての季節の中で冬がいちばん好きです。
→I (like) winter the (best) of all the seasons.
★サムはサッカーよりも野球のほうが好きです。
→Sam (likes) baseball (better) (than) soccer.
★あなたはどの教科がいちばん好きですか。
→Which subject do you (like) (the) (best)?

as 〜 as … の文

Judy is as tall as her mother.
（ジュディーは母親と同じくらいの背の高さです。）

- 「…と同じくらい〜だ」のように程度が同じくらいであることを言う
  ときは，as 〜 as …の形を使う。
- 「…と同じくらいの年齢だ」は，as old as …で表す。
  Mr. Sato is as old as my father.   I'm as old as Emma.
  （佐藤さんは私の父と同じくらいの年齢です。）（私はエマと同じくらいの年齢です。）

ミス注意！
as と as の間に入れるのは，原級！ 〜er，〜estの形にしないこと。

若い人どうしでも，「同じくらいの年齢」という意味では，youngではなく，oldを使う。

▶教科書check!
⚐自分の教科書に出ている as 〜 as … の文を書こう。

▲日本文の意味を表す英文を完成させよう。
★この橋はあの橋と同じくらいの長さです。
→This bridge is (as) (long) (as) that one.
★アンは母親と同じくらい早く起きます。
→Ann gets up (as) (early) (as) her mother.
★この本は，あの本ほどおもしろくありません。
→This book isn't (as) (interesting) (as) that one.

詳しく！
not as 〜 as …は，「…ほど〜ではない」という意味になる。

▲次の[ ]内の語句を並べかえて，日本文の意味を表す英文にしよう。
★彼はサムと同じくらい速く泳げます。
[as / Sam / he / can / fast / as / swim].
→ He can swim as fast as Sam.
★東京は北海道ほど寒くありません。
[is / as / as cold / not / Hokkaido / Tokyo].
→ Tokyo is not as cold as Hokkaido.

受け身の文

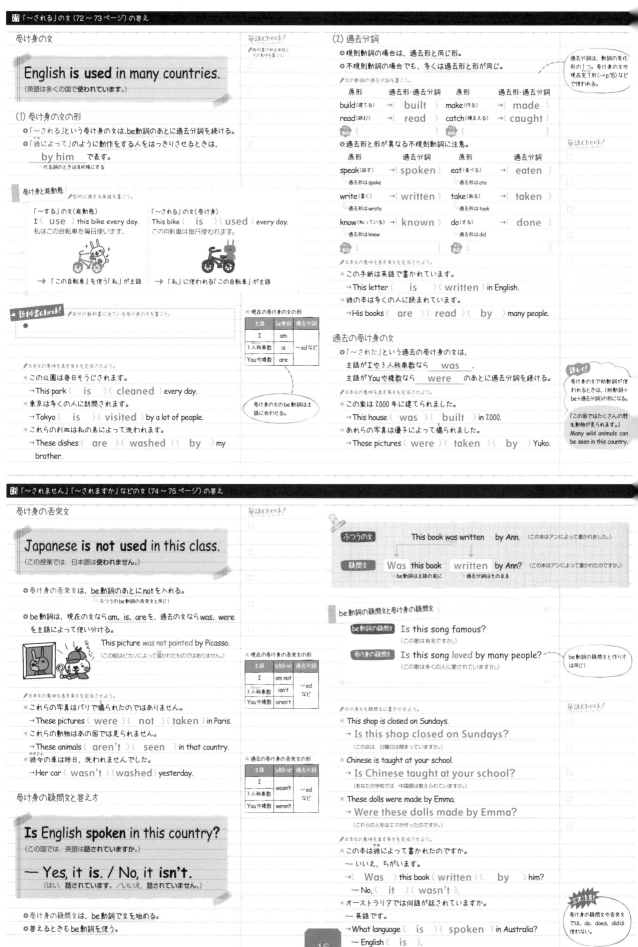

English **is used** in many countries.
(英語は多くの国で使われています。)

(1) 受け身の文の形
- ◎「〜される」という受け身の文は,be動詞のあとに過去分詞を続ける。
- ◎「彼によって」のように動作をする人をはっきりさせるときは,
  by him で表す。
  代名詞のときは目的格にする

受け身と能動態
✎空所に適する英語を書こう。

「〜する」の文（能動態）	「〜される」の文（受け身）
I (use) this bike every day.	This bike (is)(used) every day.
私はこの自転車を毎日使います。	この自転車は毎日使われます。

→ 「この自転車」を使う「私」が主語　　→ 「私」に使われる「この自転車」が主語

教科書check! ✎自分の教科書に出ている受け身の文を書こう。

✎日本文の意味を表す英文を完成させよう。
- ★この公園は毎日そうじされます。
  → This park (is)(cleaned) every day.
- ★東京は多くの人に訪問されます。
  → Tokyo (is)(visited) by a lot of people.
- ★これらのお皿は私の弟によって洗われます。
  → These dishes (are)(washed)(by) my brother.

★現在の受け身の文の形

主語	be動詞	過去分詞
I	am	
3人称単数	is	〜edなど
Youや複数	are	

受け身の文のbe動詞は主語に合わせる。

(2) 過去分詞
- ◎規則動詞の場合は,過去形と同じ形。
- ◎不規則動詞の場合でも,多くは過去形と形が同じ。

過去分詞は,動詞の変化形の１つ。受け身の文や現在完了形（→p.78）などで使われる。

✎次の動詞の過去分詞を書こう。

原形	過去形・過去分詞	原形	過去形・過去分詞
build (建てる)	→ (built)	make (作る)	→ (made)
read (読む)	→ (read)	catch (捕まえる)	→ (caught)
( )		( )	

- ◎過去形と形が異なる不規則動詞に注意。

原形	過去分詞	原形	過去分詞
speak (話す) 過去形はspoke	→ (spoken)	eat (食べる) 過去形はate	→ (eaten)
write (書く) 過去形はwrote	→ (written)	take (取る) 過去形はtook	→ (taken)
know (知っている) 過去形はknew	→ (known)	do (する) 過去形はdid	→ (done)
( )		( )	

✎日本文の意味を表す英文を完成させよう。
- ★この手紙は英語で書かれています。
  → This letter (is)(written) in English.
- ★彼の本は多くの人に読まれています。
  → His books (are)(read)(by) many people.

過去の受け身の文
- ◎「〜された」という過去の受け身の文は,
  主語がIや3人称単数なら **was** ,
  主語がYouや複数なら **were** のあとに過去分詞を続ける。

✎日本文の意味を表す英文を完成させよう。
- ★この家は2000年に建てられました。
  → This house (was)(built) in 2000.
- ★あれらの写真は優子によって撮られました。
  → Those pictures (were)(taken)(by) Yuko.

詳しく! 受け身の文で助動詞が使われるときは,〈助動詞+be+過去分詞〉の形になる。「この国ではたくさんの野生動物が見られます。」Many wild animals can be seen in this country.

受け身の否定文

Japanese **is not used** in this class.
(この授業では, 日本語は使われません。)

- ◎受け身の否定文は,be動詞のあとにnotを入れる。
  ふつうのbe動詞の否定文と同じ!
- ◎be動詞は,現在の文ならam, is, areを,過去の文ならwas, were を主語によって使い分ける。

This picture was not painted by Picasso.
(この絵はピカソによって描かれたものではありません。)

✎日本文の意味を表す英文を完成させよう。
- ★これらの写真はパリで撮られたのではありません。
  → These pictures (were)(not)(taken) in Paris.
- ★これらの動物はあの国では見られません。
  → These animals (aren't)(seen) in that country.
- ★彼女の車は昨日,洗われませんでした。
  → Her car (wasn't)(washed) yesterday.

★現在の受け身の否定文の形

主語	be動詞+not	過去分詞
I	am not	
3人称単数	isn't	〜ed など
Youや複数	aren't	

★過去の受け身の否定文の形

主語	be動詞+not	過去分詞
I		
3人称単数	wasn't	〜ed など
Youや複数	weren't	

受け身の疑問文と答え方

Is English **spoken** in this country?
(この国では, 英語は話されていますか。)

— Yes, it **is**. / No, it **isn't**.
(はい, 話されています。／いいえ, 話されていません。)

- ◎受け身の疑問文は,be動詞で文を始める。
- ◎答えるときもbe動詞を使う。

| ふつうの文 | This book was written by Ann. (この本はアンによって書かれました。) |
| 疑問文 | Was this book written by Ann? (この本はアンによって書かれたのですか。) |

be動詞は主語の前に / 過去分詞はそのまま

be動詞の疑問文と受け身の疑問文

be動詞の疑問文 Is this song famous?
(この歌は有名ですか。)

受け身の疑問文 Is this song loved by many people?
(この歌は多くの人に愛されていますか。)

be動詞の疑問文と作り方は同じ!

✎次の英文を疑問文に書きかえよう。
- ★ This shop is closed on Sundays.
  → Is this shop closed on Sundays?
  (この店は, 日曜日は閉まっていますか。)
- ★ Chinese is taught at your school.
  → Is Chinese taught at your school?
  (あなたの学校では, 中国語は教えられていますか。)
- ★ These dolls were made by Emma.
  → Were these dolls made by Emma?
  (これらの人形はエマが作ったのですか。)

✎日本文の意味を表す英文を完成させよう。
- ★この本は彼によって書かれたのですか。
  — いいえ, ちがいます。
  → (Was) this book (written)(by) him?
  — No, (it)(wasn't).
- ★オーストラリアでは何語が話されていますか。
  — 英語です。
  → What language (is)(spoken) in Australia?
  — English (is).

ミス注意! 受け身の疑問文や否定文では, do, does, didは使わない。

現在完了形の文

1) 過去形と現在完了形

● 過去のことを言うときは動詞の過去形を使うが、過去からつながっている現在の状態を言うときは現在完了形を使う。

● 現在完了形は　have　＋過去分詞　の形。
（主語が3人称単数のときは has を使う）

> 過去分詞は動詞の変化形の1つ。→p.73

過去形と現在完了形　空所に適する英語を書こう。

I（ lived ）here for two years.
（私はここに2年間住んでいました。）

I（ have ）（ lived ）here for two years.
（私はここに2年間ずっと住んでいます。）

I lived〜

I have lived〜

過去　今　　過去　＋　今

→ 過去に住んでいたという事実を表す。
→ 現在も住んでいるということを表す。

(2) 「継続」を表す現在完了形の文と「継続」の否定文

I have lived in the U.S. for ten years.
（私はアメリカに10年間住んでいます。）

I have not seen her since last year.
（私は昨年からずっと彼女に会っていません。）

● 「（今まで）ずっと〜している」と言うときは、have または has のあとに過去分詞を続ける。
（主語が3人称単数のとき）

● 続いている期間の長さは for で表す。「〜の間」の意味。
● 始まった時期は since で表す。「〜以来、〜から」の意味。
● 否定文は have, has のあとに not を入れる。

> **詳しく!** 続いている現在完了形は、過去のある時点で始まった状態が現在まで継続していることを表す。

> have not の短縮形は haven't, has not は hasn't となる。

教科書check! 自分の教科書に出ている現在完了形（継続）の文を書こう。

●

日本文の意味を表す英文を完成させよう。

※ 私は先週からずっと忙しい。
→ I（ have ）（ been ）busy（ since ）last week.

※ 彼は長い間この自転車をほしがっています。
→ He（ has ）（ wanted ）this bike（ for ）a long time.

※ 私は6年間英語を勉強しています。
→（ I've ）（ studied ）English（ for ）six years.

※ 私は昨日からずっと何も食べていません。
→ I（ have ）（ not ）（ eaten ）anything since yesterday.

> am, are, is の過去分詞は been。

> I have は I've, You have は You've, We have は We've のような短縮形もよく使われる。

「継続」の疑問文と答え方

Have you practiced the piano for a long time?
（あなたはピアノを長い間練習しているのですか。）

— Yes, I have. ／ No, I haven't.
（はい、しています。／いいえ、していません。）

● 疑問文は、Have, Has で文を始める。
● 答え方…Yes, 〜 have[has]. または No, 〜 haven't[hasn't].

※ 彼女は5年間ここに住んでいるのですか。—いいえ。
→（ Has ）she（ lived ）here for five years?
—No,（ she ）（ hasn't ）.

> 続いている期間の長さについて「どのくらい長く〜していますか」とたずねるときは、How long を使う。

> 「あなたはどのくらい英語を勉強していますか」How long have you studied English?

「経験」を表す現在完了形

I have heard the music before.
（私はその音楽を以前、聞いたことがあります。）

● 「（今までに）〜したことがある」と言うときは、have ＋過去分詞　の形を使う。
（主語が3人称単数のとき has を使う）

● 「〜へ行ったことがある」と言うときは、ふつうbe動詞の過去分詞 been を使って、have been to 〜　で表す。
（主語が3人称単数のときは has を使う）

> **詳しく!** 現在完了形は、過去から現在までにあることをしたことがあるという経験も表す。

経験を表す文　空所に適する英語を書こう。

I（ read ）this book yesterday.
（私は昨日この本を読みました。）

I（ have ）（ read ）the book three times.
（私は3回その本を読んだことがあります。）

3回読んだ！
スゴー

教科書check! 自分の教科書に出ている現在完了形（経験）の文を書こう。

●

日本文の意味を表す英文を完成させよう。

※ 私は以前この鳥を見たことがあります。
→ I（ have ）（ seen ）this bird（ before ）.

※ 美香は富士山に登ったことが1度あります。
→ Mika（ has ）（ climbed ）Mt. Fuji（ once ）.

※ 彼は奈良に何回も行ったことがあります。
→ He（ has ）（ been ）（ to ）Nara many times.

> MikaやHeは3人称単数の主語。have ではなく has。

「経験」の否定文

I have never watched that movie.
（私はその映画を1度も見たことがありません。）

● 「1度も〜ない」と言うときは、not のかわりに never を使う。

日本文の意味を表す英文を完成させよう。

※ 私は1度もサッカーをしたことがありません。
→ I（ have ）（ never ）（ played ）soccer.

※ 健は1度も沖縄に行ったことがありません。
→ Ken（ has ）（ never ）（ been ）to Okinawa.

> **ミス注意!** never を使った否定文では、not は使われない。

「経験」の疑問文と答え方

Have you ever been to Australia?
（あなたは今までにオーストラリアへ行ったことがありますか。）

— Yes, I have. ／ No, I haven't.
（はい、あります。／いいえ、ありません。）

★「経験」の文でよく使われる語句
・before（以前）
・once（1回）
・twice（2回）
・three times（3回）
→「3回以上は times を使う。

● 疑問文は、Have または Has で文を始める。
● 「今までに（〜したことがありますか）」とたずねるときは、ever を使う。
● 答え方…Yes, 〜 have[has]. または No, 〜 haven't[hasn't].

> ever は「今までに」という意味だよ。

日本文の意味を表す英文を完成させよう。

※ あなたは今までに海を見たことがありますか。—はい。
→（ Have ）you（ ever ）（ seen ）the sea?
— Yes, I（ have ）.

※ 彼は今までにさしみを食べたことがありますか。—いいえ。
→（ Has ）he（ ever ）（ eaten ）sashimi?
— No,（ he ）（ hasn't ）. —had でもよい

> eat の過去分詞は eaten。

「完了」を表す現在完了形

単語check!

I have just finished my homework.
（私はちょうど宿題を終えたところです。）

◦「もう〜してしまった」「ちょうど〜したところだ」と言うときは，
　 have ＋過去分詞 の形を使う。
　└ 主語が3人称単数のときは has を使う

◦この用法では，「ちょうど」の意味の just や，「すでに，もう」
　の意味の already がよく使われる。

> 詳しく!
> 現在完了形は，過去に始まった
> 動作や状態が現在は完了して
> いるということも表す。

完了の文でよく使う語 ✏空所に適する英語を書こう。

The game has (just) started.
（試合はちょうど始まったところです。）

The game has (already) finished.
（試合はもう終わってしまいました。）

◦ 教科書check! ✏自分の教科書に出ている現在完了形（完了）の文を書こう。
　•

✏日本文の意味を表す英文を完成させよう。
✖ 私たちはすでにそのニュースを聞きました。
　→We (have)(already)(heard) the news.
✖ 私の母はちょうど家を出ていったところです。
　→My mother (has)(just)(left) home.
✖ 私はちょうど手を洗ったところです。
　→(I've)(just)(washed) my hands.

「完了」の否定文

単語check!

I have not eaten lunch yet.
（私はまだ昼食を食べていません。）

◦否定文は，have または has のあとに not を入れる。
◦「まだ〜していない」と言うときは，yet を使う。

✏日本文の意味を表す英文を完成させよう。
✖ 彼らはまだ動物園に着いていません。
　→They (have)(not)(arrived) at the zoo yet.
✖ 真央はまだここに来ていません。
　→Mao (hasn't)(come) here (yet).

> yetは，文の最後につけるよ

「完了」の疑問文と答え方

Have you watched the movie yet?
（あなたはもうその映画を見ましたか。）

— Yes, I have. ／ No, not yet.
（はい，見ました。／いいえ，まだです。）

◦疑問文は，Have または Has で文を始める。
◦「もう〜しましたか」とたずねるときは，yet を使う。
◦「はい」なら Yes, 〜 have[has]. と答える。「いいえ，まだです。」と
　答えるときは，No, not yet. と言う。

> ミス注意!
> 「もう〜しましたか」とたずねる
> ときは，yetを使うことに注意。
> alreadyはふつう肯定文で使

✏日本文の意味を表す英文を完成させよう。
✖ 彼女はもう手紙を書きましたか。—はい。
　→(Has)she (written) a letter (yet)?
　— Yes, she (has).
✖ あなたはもう部屋をそうじしましたか。—いいえ，まだです。
　→(Have)you (cleaned) your room (yet)?
　— No, (not)(yet).

確認テスト①

24～25ページ

1 (1) ウ　　(2) ウ　　(3) ア　　(4) イ

2 (1) ウ　　(2) イ　　(3) ウ　　(4) ア

3 (1) was sleeping　　(2) I'm not going　　(3) wasn't washing
　　(4) will be[become]　　(5) Are, going to

4 (1) Lisa is going to[will] swim in the pool next week.
　　(2) My brother won't[will not] do his homework tonight.
　　(3) When are they going to play soccer?

5 (1) It was raining ten minutes (ago.)　　(2) Kumi is going to visit her aunt (tomorrow.)
　　(3) Will you be at home next Sunday?　　(4) What were you doing at five (yesterday?)

6 (1) running　　(2) [例] What are you going to do this weekend?
　　(3) 買い物に行くつもり。

解説 1(1)　過去進行形の文にする。　(2)　We're は We are の短縮形。be going to ～ の文にする。　(3)　will の疑問文では動詞は原形。　(4)　未来の文。won't は will not の短縮形。

2(1)　ふつうの be 動詞の疑問文と答え方は同じ。　(2)　be 動詞の過去形を使って答える。　(3)　will の疑問文には will を使って答える。　(4)　過去進行形を使って答える。

3(1)　過去進行形の文。主語が 3 人称単数なので，be 動詞は was を使う。　(2)　be going to ～ の否定文。空所の数から短縮形の I'm を使う。　(3)　過去進行形の否定文。was not の短縮形 wasn't を使う。　(4)　「～になるでしょう」は will be で表す。　(5)　be going to ～ の疑問文。be 動詞で文を始める。

4(1)　be going to ～ または will を使って書きかえる。動詞は原形にする。　(2)　will の否定文は will のあとに not を入れる。短縮形の won't を使ってもよい。　(3)　「いつ」と時をたずねるときは When を使う。あとに be going to ～ の疑問文を続ける。

5(1)　was のあとに動詞の ing 形を続ける。　(2)　be going to の文にする。to のあとは動詞の原形を続ける。　(3)　will があるので，疑問文は Will で文を始める。　(4)　What で文を始め，過去進行形の疑問文の形を続ける。

6(1)　前に was があるので，ing 形にする。run は最後の n を重ねて ing をつける。　(2)　「する」は動詞の do を使う。　(3)　トムが歩美を買い物にいっしょに行こうと誘（さそ）っている。

（日本語訳）　トム：こんにちは，歩美。昨夜の 8 時に電話をしたんだよ。

歩美：ああ，ごめんね，トム。そのときは公園で走ってたんだ。どうかした？

トム：（あなたは今週末に何をする予定ですか。）

歩美：土曜日は祖母を訪問する予定だけど，日曜日はひまだよ。

トム：日曜日に買い物に行くつもりなんだ。きみもいっしょに行かない？

歩美：いいね！

確認テスト②

1 (1) イ　　(2) ウ　　(3) ウ　　(4) イ

2 (1) has to finish　　(2) You should　　(3) named her

　　(4) You mustn't　　(5) made him

3 (1) No, there isn't.　　(2) No, there aren't.　　(3) There are three.

4 (1) Does Sally have to clean her room today?

　　(2) You mustn't[must not] touch this picture.

　　(3) We don't[do not] have to stay home today.

5 (1) Can you show me your passport?　　(2) Could you help me with my homework?

　　(3) I gave my brother a bike as a present.　　(4) There weren't any clocks in the room.

　　(5) What time shall we meet?

6 [例] (1) You don't have to wash the dishes.　　(2) Shall I help you?

　　(3) Could you read this word again?

解説 **1**(1)　あとに to があることと，主語が3人称単数であることから，has to 〜 にする。(2)　「〜する必要がない」は don't have to 〜。(3)　「AにBを送る」は send A B の語順。(4)　名前などを「教える」というときは，tell。

2(1)　主語が3人称単数なので，has to 〜 を使う。(2)　「あなたは〜するべきだ」は You should 〜.で表せばよい。(3)　「AをBと名づける」は name A B。(4)　「〜してはいけない」は must の否定文で表す。空所の数から must not の短縮形 mustn't を入れる。(5)　「AをBにする」は make A B。

3(1)　「いすの下にねこはいますか。」

(2)　「テーブルの上にペンは何本かありますか。」(3)　「テーブルの上に本は何冊ありますか。」数を答える。3語と指示があるので，There are three. と答える。

4(1)　主語が3人称単数なので，Does で文を始める。has を have にするのを忘れないようにする。(2)　「〜してはいけない」

と禁止するときは，must のあとに not を入れる。(3)　否定文は，have to の前に don't[do not] を入れる。don't have to 〜 は「〜する必要はない」という意味。

5(1)　「私に」を補って考える。「AにBを見せる」は show A B の語順。(2)　「〜してくださいますか」とていねいにお願いするときは Could you 〜? を使う。「私の宿題を手伝う」は help me with my homework。(3)　「AにBをあげる」は give A B の語順。(4)　「〜は1つもありませんでした」は，There weren't any 〜.とする。(5)　時刻をたずねる What time で始める。あとに「〜しましょうか」と提案するときの shall we 〜? を続ければよい。

6(1)　「〜する必要はない」は don't have to 〜 で表す。(2)　相手に申し出る文にする。Shall I 〜? で表す。(3)　相手にていねいにお願いする文にする。Could you 〜? で表す。

確認テスト③

1 (1) ウ　　(2) イ　　(3) ア　　(4) ア

2 (1) how to play　　　(2) If, doesn't　　(3) started[began] to, when
　　(4) places to play　　　(5) sad to hear

3 (1) time to have[eat]　　(2) when Sam visited

4 (1) Do you need anything to write with?　　(2) It is difficult for me to speak English.
　　(3) (Yuri) wants to be a singer because she likes singing(.)
　　(4) (Please) come to see me if you have time(.)
　　(5) Do you think that it will rain tomorrow?

5 (1) ① swimming　③ to eat　　(2) [例] Do you have anything to eat?
　　(3) [例] To get some food. / Because he wants to get some food.

解説 1(1) 目的を表す〈to＋動詞の原形〉の形にする。　(2) enjoy に続く動詞は ing 形。(3) know とあとの文をつなぐ，「～ということ」という意味の接続詞の that が適切。　(4) 「～するのをやめる」と言うときは，stop ～ing の形を使う。

2(1) 「～のし方」は how to ～ を使う。to のあとは動詞の原形。　(2) 「もし～ならば」と言うときは，if を使う。　(3) 「子どものころ」は「子どもだったとき」と考える。接続詞の when を使う。「～し始める」は start to ～か begin to ～を使う。(4) 〈to＋動詞の原形〉が名詞を後ろから修飾する形に。　(5) 「～して悲しい」は be sad to ～。

3(1) 「父はとても忙しかったので，昼食を食べられませんでした。」→「父は昼食を食べる時間がありませんでした。」とする。time を〈to＋動詞の原形〉が後ろから修飾する形に。　(2) 「サムはジュディーを訪ねました。彼女はそのとき眠っていました。」→「サムがジュディーを訪ねたとき，彼女は眠っていました。」とする。接続詞の when を使って1文にする。

4(1) 「何か書く物」は anything to write with とする。　(2) 「～することは…です」は It is … to ～. を使う。　(3) 「～なので」と理由を述べるときは，because を使う。(4) 「もし～があれば」は if を使う。条件を表す if の文の中では，未来のことでも現在形を使う。(5) Do you think that で文を始め，it will rain ～と続ける。

5(1) ① enjoy のあとなので，動詞の ing 形。③ want のあとなので，〈to＋動詞の原形〉に。　(2) 「何か食べる物」は anything to eat で表す。疑問文ではふつう anything を使う。　(3) 「健はなぜ，お店に行くのでしょうか。」という意味。To ～. を使って目的を，または Because ～. を使って理由を答える。

（日本語訳）リサ：水泳を楽しんだ？
　健：うん。おなかがすいたよ。（何か食べる物を持っていますか。）
　リサ：ごめん，持っていないよ。
　健：わかった。食べ物を買いにあの店に行くよ。
　リサ：私はチョコレートが食べたいな，健。買ってきてくれる？
　健：わかったよ。

確認テスト④

76～77ページ

1 (1)　ウ　　(2)　イ　　(3)　イ　　(4)　ア　　(5)　ウ

2 (1)　easier　　(2)　most famous　　(3)　best　　(4)　played　　(5)　spoken

3 (1)　the earliest of　　(2)　as new as　　(3)　like, better than

(4)　taller, or　　(5)　is loved by　　(6)　Is, used / isn't

4 (1)　I get up as early as my father.

(2)　This sweater isn't[is not] made in France.

5 (1)　This movie is more interesting than that one.

(2)　Which subject do you like the best?　　(3)　This bag is used to carry water.

(4)　This watch isn't as popular as that one.

6 (1)　No, she isn't[she's not].　　(2)　No, he isn't[he's not].　　(3)　Bob is.

解説 **1**(1)　あとに of the three があるので，最上級に。「この自転車は 3 台の中でいちばん古い。」(2)　「～よりも」を表す than が適切。「由美はあなたよりも若いですか。」(3)　過去分詞の written が適切。「この本は夏目漱石によって書かれました。」(4)　popular の比較級は前に more をつける。「相撲は剣道よりも人気があると思います。」(5)　as fast as とする。「ジョンは健太と同じくらい速く走れます。」

2(1)　than があるので比較級に。「ビルは数学は日本語よりも簡単だと思っています。」(2)　前に the があるので最上級に。famous は most をつける。「彼は日本でいちばん有名な画家です。」(3)　前に the があるので最上級に。good の最上級は best。「ジルは私たちの町でいちばん上手なピアニストです。」(4)　受け身の文に。過去分詞にする。「チェスは多くの国でプレーされています。」(5)　受け身の文に。過去分詞にする。「ここでは中国語が話されています。」

3(1)　最上級の文に。「早く」は early を使う。(2)　as ～ as … の文にする。(3)　「B よりも A が好きだ」は like A

better than B で表す。(4)　比較級の疑問文に。「A か B か」とたずねるときは，or を使う。(5)　受け身の文で表す。「多くの人に」は by many people とする。(6)　受け身の疑問文。答えるときも be 動詞を使う。

4(1)　「同じくらい」なので，as ～ as … を使った文にする。「私は父親と同じくらい早く起きます。」

(2)　受け身の否定文は，be 動詞のあとに not を入れればよい。「このセーターはフランス製ではありません。」

5(1)　interesting の比較級は前に more をつける。that one の one は，ここでは，movie のこと。(2)　〈Which＋名詞〉で始め，do you like the best の疑問文を続ける。(3)　受け身の文にする。目的を表す〈to＋動詞の原形〉をあとに続ける。(4)　as ～ as … の否定文にする。as と as の間に popular を入れる。

6(1)　「リサはボブより背が高いですか。」(2)　「ジャックはリサよりも年上ですか。」(3)　「3 人の中でだれがいちばん若いですか。」〈主語＋be 動詞.〉の形で答える。

確認テスト⑤

84～85ページ

1 (1) ウ (2) イ (3) イ (4) イ (5) ア

2 (1) has just (2) have been (3) has already
   (4) Have, seen[met] / have (5) Has, written / not yet

3 (1) has lived (2) have lost

4 (1) I have[I've] known Kumi for two years. (2) He hasn't[has not] written a letter yet.
   (3) Yuki has never had coffee.

5 (1) He has just left school. (2) Have you ever seen a panda?
   (3) My grandfather has never eaten pizza. (4) We have been tennis fans since last year.
   (5) I've already finished reading the book.

6 [例] (1) How long have you lived in Japan?
   (2) Have you finished[done] your homework yet? (3) Have you ever been to Hokkaido?

解説 **1**(1) 〈have＋過去分詞〉の形を選ぶ。
(2)(3) 主語が3人称単数なので，Has で文を始める。答えの文でも has を使う。
(4) yet が文末にあるので，現在完了形の否定文。(5) 「～以来」というときは since を使う。

2(1) 「ちょうど」には just を使う。just は have[has] と過去分詞の間に入れる。
(2) be 動詞の過去分詞は been。(3) 完了を表して，「もう」というときは already を使う。(4) 現在完了形の疑問文は Have で文を始める。答えるときも have を使う。(5) 主語が3人称単数なので，Has で始める。「いいえ，まだです。」と答えるときは，No, not yet. を使う。

3(1) 「彼は昨年パリへ行き，まだパリに住んでいます。」→「彼は昨年からパリに住んでいます。」という文に。現在完了形を使って表す。(2) 「私は筆箱をなくして，今もそれを持っていません。」→「私は筆箱をなくしてしまいました。」という文に。現在完了形を使って表す。

4(1) 〈have＋過去分詞〉の形に。know の

過去分詞は known。(2) 否定文は has のあとに not を入れる。否定文では already は使わない。文の最後に yet をつける。(3) never は have[has] と過去分詞の間に入れる。

5(1) 「ちょうど」という意味の just は has と過去分詞の間に入れる。(2) 「今までに～したことがありますか」と経験をたずねる文。Have で文を始める。ever は過去分詞の前に入れる。(3) never は has と過去分詞の間に入れる。(4) 始まった時期を表して「～から」というときは since を使う。(5) already は have と過去分詞の間に入れる。

6(1) 期間の長さをたずねるときは，How long を使う。あとに現在完了形の疑問文の形を続ける。(2) 「(あなたの)宿題を終える」は finish your homework で表せる。finished のかわりに do の過去分詞 done を使ってもよい。(3) 「～へ行ったことがある」は have been to ～ で表す。